用 文 字 照 亮 每 个 人 的 精 神 夜 空

漫说文化丛书·续编

学堂往事

陈平原　林分份 编

CNS | 湖南人民出版社 ·长沙·

声音演绎文字之美·声音构筑文学世界·声音记录文化传承

● 如何收听《学堂往事》全本有声书?

①微信扫描左边的二维码关注“领读文化”公众号。
②后台回复【学堂往事】，即可获取兑换券。
③扫描兑换券二维码，免费兑换全本有声书。

● 去哪里查看已购买的有声书?

方法①
兑换成功后，收藏已购有声书专栏，
即可在微信收藏列表中找到已购有声书。

方法②
在“领读文化”公众号菜单栏点击“我的课程”，
即可找到已购有声书。

用 文 字 照 亮 每 个 人 的 精 神 夜 空

总序

陈平原

三十年前钱理群、黄子平和我合编的“漫说文化”丛书前五种由人民文学出版社推出；两年后，后五种刊行时，我撰写了《漫说“漫说文化”》，提及作为分专题编散文集的先行者，我们最初只是希望有一套文章好读、装帧好看的小书，可以送朋友，也可搁在书架上。没想到书出版后反应很好，真可谓“无心插柳柳成荫”。十三年后，复旦大学出版社（2005）予以重印。又过了十三年，北京时代华文书局（2018）重新制作发行。

一套小书，能一而再再而三地刊行，可见其生命力的旺盛。多年后回想，这生命力固然主要得益于那四百多篇精彩选文，也与吹响集结号的八十年代文化热、寻根文学思潮以及“二十世纪中国文学”的视野密切相关。时过境迁，这种小里有大、软中带硬、兼及思考与休闲的阅读趣味，依旧有某种特殊魅力。有感于此，出版社希望我续编“漫说文化”丛书。考虑到钱、黄二位的实际情况，我改变工作方式，带领十二位在京工作的老学生组成读书会，用两年半的时间，编选并导读改革开放以来四十多年的散文随笔。

当初发给合作者的编选原则很简单：第一，文化底蕴（不收纯抒情文字）；第二，阅读感受（文章好读最重要）；第三，篇幅短小（原则上不收六千字以上的长文）；第四，作者声誉（在文坛或学界）。依旧不是梁山泊英雄排座次的文学史，而是以文学为经、以文化为纬的专题散文集。也就是《漫说“漫说文化”》说的：“选择一批有文化意味而又妙趣横生的散文分专题汇编成册，一方面是让读者体会到‘文化’不仅凝聚在高文典册上，而且渗透在日常生活中，落实为你所熟悉的一种情感，一种心态，一种习俗，一种生活方式；另一方面则是希望借此改变世人对散文的偏见。让读者自己品味这些很少‘写景’也不怎么‘抒情’的‘闲话’，远比给出一个我们自认为准确的‘散文’定义更有价值。”

考虑到初编从1900年选起，一直选到20世纪80年代中期，续编从改革开放起，一直选到2020年，中间几年重叠略为规避即可。两个甲子的风起云涌，鸟语花香，借助千篇左右的短文得以呈现，说起来也是颇有气势与韵味的。参与其事的都是专业研究者，圈定范围后，选哪些作者，用什么本子，如何排列组合等，此类技术问题好解决，难处在入口处——哪些是你想要凸显的“文化”？根据以往的阅读经验，先大致确定话题、视野及方向，再根据选出来的文章，不断调整与琢磨，最终成了现在这个样子。

初编十册分别题为《男男女女》《父父子子》《读书读书》《闲情乐事》《世故人情》《乡风市声》《说东道西》《生生死死》《佛佛道道》《神神鬼鬼》，而续编十二册则是《城乡变奏》《国学浮沉》《域外杂记》《边地寻踪》《家庭内外》《学堂往事》《世间滋味》《俗世俗民》《爱书者说》《君子博物》《旧戏新文》《闻乐观风》，略为比勘不难发现二者的联系与差异。

既然是续编，自然必须与初编对话。明显看得出承继关系的，有《城乡变奏》之于《乡风市声》，《爱书者说》之于《读书读书》，不过前者第二辑“城市之美”从不同层面呈现了当代中国城市的多彩风姿，以及后者第三辑“书叶之美”谈封面、装帧、插图、毛边书、藏书票等，与初编的文风与趣味还是拉开了距离。《家庭内外》的第一、第三辑类似《父父子子》，而第二、第四辑则接近《男男女女》。《域外杂记》与《国学浮沉》隐约可见《说东道西》的影子，但又都属于说开去了。至于《世间滋味》仅从饮食入手，不再像《闲情乐事》那样衣食住行并举，也算别有幽怀。所有这些调整，不管是拓展还是收缩，都源于我们对四十年来中国文化思潮及文章趣味的体验与品味。不再延续《世故人情》《生生死死》《佛佛道道》《神神鬼鬼》的思路，并非缺乏此类好文章，而是觉得难以于法度之中出新意。

另起炉灶的六册包括《边地寻踪》《学堂往事》《俗世俗民》

《君子博物》《旧戏新文》《闻乐观风》，其实更能体现续编的立场与趣味。没有依傍初编，不必考虑增减，自我作古的好处是，操作起来更为自由，也更为酣畅。《边地寻踪》和《俗世俗民》两册，有些话题不太好把握与论述，最后腾挪趋避，处理得不错。最为别出心裁的，当数《旧戏新文》与《君子博物》——实际上，这两册的确定方向与编选过程最为曲折，编者下的功夫也最多。最终审稿时我居然有惊艳的感觉。

比较前后两编，最大的感叹是：前编多小品，后编多长文；前编多随意挥洒，后编多刻意经营；前编多单纯议论，后编多夹叙夹议；前编多社会人生，后编多学术文化；前编多悲愤忧伤，后编多平和恬淡——当然，所有这一切，与社会生活及文坛风气的变迁有直接关系。至于不选动辄万言的“大散文”，以及遗落异彩纷呈的台港澳文章，既是为了跟前编体例统一，也有版权等不得已的因素。

十二册小书，范围有宽有窄，题目有难有易，好在各位编者精诚合作，选文时互通有无，最后皆大欢喜——做不到出奇制胜的，也都能不负众望。作为一个集体项目，能走到这一步，已经很不容易了。

身为主编，除了丛书的整体设计，也参与了各册题目及选文的讨论。至于每册前面的“导读”文字，则全靠十二位合作者。选家大都喜欢标榜公平与公正，可只要认真阅读各册的“导读”，你就会明白，所有选本其实都带个人性情与偏见。十二篇随笔性质的“导读”，或醇厚，或幽深，或俏皮，或淡定，风格迥异，并非学位论文，不妨信马由缰，能引起阅读兴趣，就算完成任务——毕竟，珠玉在后。

2021年2月19日于京西圆明园花园

导读：成长记忆、时代印痕与学人精神

林分份

学堂之所以成为现代文化人经常谈论的话题，很大程度上缘于它是学习知识、养成兴趣、孕育人格与传承精神的机构和场所。关于学堂的文章，一般都是作者在结束学业、离开学堂之后所写，时间距离短则一二十年，长则半个世纪以上，称得上清一色的“追忆逝水年华”。1977年恢复高考以来，这一类文章蔚为大观。尤其进入二十一世纪，但凡历史悠久一点的名校，几乎都有一本冠以“老 ×× 的故事”或类似名目的文集出版，此外的各种纪念集和散篇更是不可胜数。然而，由于作者的阅历、职业、学养和写作动机多有不同，这些文章的内容、题旨、风格等也就各有面目。当然，本书所编选的是近四十年来谈论学堂的散文篇章，不求全面与完备，只是要求入选的文章至少具备一定的可读性和趣味性。

· 一

对于一个读过大学甚至硕士、博士的人来说，中、小学时期或许只是漫长阶梯的一小段，然而却是成长过程的重要阶段，其中的求学经历、情感体验和生活百味等，都可能给他留下深刻的记忆。因而，谈及学堂时，追忆相对遥远的中、小学阶段的经历，就往往成为作者绕不过去的话题之一。

谢冕的中学母校是福州三一中学，他上中学时正处于解放战争时期。三十多年后，他对那段被“时局的不宁、环境的多变、生计的困难”压迫的“一连串凄苦的日子”记忆犹新。好在，当时的他将文学当作唯一的安慰，并以此“领略着人世的甘苦”，“追求崇高的人生价值”（《难忘的记忆——我的中学时代》）。黄裳在南开中学度过了五年，那时“整个的学习环境都摆脱不开日本帝国主义的侵略，仿佛头顶一直笼罩着大片乌云，不知什么时候就会有暴雨降下”，但半个多世纪后，让他不能磨灭的印象，是“在侵略军的行进声中，听李尧林先生讲授都德的《最后一课》”所受的爱国主义教育（《南开忆旧》）。

文洁若的两篇文章，见证了二十世纪三四十年代北平中、小学教育的特色与动荡。自1933年至1946年，她先后在孔德学校小学部、日本小学校、圣心学校、辅仁大学附属中学女校等就学。其中，孔德学校为北京大学的附属实验学校，北大文科教授的子女多在此上学，“五四”以来曾名噪一时，可惜的是，随着1937年北平沦陷，“但凡有办法的人都携家带口到大后方去了，孔德学校从此一蹶不振”（《我的小学生活》）。相比之下，北平沦陷时期，德国教会掌管下的辅仁大学及其附属中学，不仅较少受到影响，而且能聘请到一批优秀教师，“就成了沦陷区北平教育界的一方偏安之地”（《我的中学生活》）。

“文革”期间就读于中、小学校的人们，因受到“停课闹革命”、大字报、批判会、武斗等的冲击，短暂的学堂生活留给他们的回忆，大多并不愉快。1968年11月，正读高三的莫砺锋，“刚填好高考志愿草表，就传来了‘废除高考’的晴天霹雳”，他报考清华大学的理想“终于在苏高中的校园里彻底埋葬了”（《五十年间似反掌》）。而张炜直言，短短两年的中学生活，都在搞批判和“学工、学农、学军”中度过，让他“浪费了一个人的一生中再也不会重复出现的、仅仅属于那个美妙年纪的热情”（《没有围墙的学校》）。

然而，对于一些人而言，动荡时期的学堂也并非一无可取。受“文革”影响，在厦门一中读到初中二年级即辍学的舒婷，多年后坚信“我的个性、气质、道德观，乃至常识性的认知，都来自我非常短暂的中学时代”（《木棉树下——我的中学时代》）。夏晓虹则以为，从1960年秋天开始的小学、初中生活，在北京景山学校所经历的那些“常为新的”教改实验，“奠定了我生命的底色，也导引了我后来的发展路向”（《“常为新的”学校——“文革”前北京景山学校教改实验琐忆》）。

可见，由于家庭因素、所处时代和教育经历等的差异，个人对于中、小学阶段的感受也不尽相同。而这一辑所选的文章中，当事人在忆及早年学堂生活时的幽怀别抱，各有所偏，也足见此类文章的个人性和丰富性。

· 二

正因个人成长与教育经历密切相关，更具专业意味的大学生活，理所当然成为那些学有所成者日后回忆时津津乐道的内容。而在那段已然遥远的岁月中，无论是与母校的结缘，与师长的交流，与时代的会晤，抑或是与一次来之不易的机会的邂逅，往往都会成为回忆者珍藏的幸运。

抗战时期就读于西南联大中文系的汪曾祺，对联大的“民主、自由、开放”以及闻一多、杨振声、罗常培等教授爱才、重视独创的育人之风印象深刻，以至于几十年后他仍然感念那段求学经历：“我要不是读了西南联大，也许不会成为一个作家。至少不会成为一个像现在这样的作家。”（《西南联大中文系》）1939年秋，错过考期的杜运燮凭着厦大一年级的成绩单和厦大中文系教师林庚的介绍信，被西南联大破例录取进外语系二年级。与西南联大的这次结缘，以及上学期间从闻一多、沈从文等先生那里获得的教益和激励，成为杜运燮后来“经常禁不住要温习”的幸运（《幸运的年月》）。

1963年高中毕业后，余秋雨本拟报考某个外语系，但上海戏剧学院招生的老师告诉他，中国科学院院长郭沫若的学生和巴金的女儿都会是他报考上戏戏剧文学系的“竞争对象”；高校统考后，市招生委员会主任对想要回档案去军事外语学院的他说：“我们国家打仗的时间太长，军事人员过剩而艺术人员缺乏，你应该读艺术。”这些话给了余秋雨不小的震撼，促使他最终选择了上戏戏剧文学系（《我的大学时代》）。而1964年初秋，许道明和八十多个“过五关斩六将”的同学相聚于复旦大学中文系，“大家很是为自己庆幸，也开始情难自禁地‘了不起’起来”。这些人际遇或有不同，但全然没有比他们晚六七年入学的工农兵学员成色驳杂，“几乎人人一脸的十足神气”，正好因应了“站出来让祖国挑选”的时代气氛（《我的大学》）。

十多年后，对于被“文革”耽误了的七七级、七八级的大学生而言，进入大学的机会来之不易。尤其是七七级，因系“文革”后恢复高考的第一届，积压的人数太多，许多成绩优秀的考生因年龄偏大或家庭成分问题，一开始被取消录取资格，好在有不少学生或家长不断上访，据理力争，使得一些高校通过各种方法补录了一批。报考北京大学中文系的夏晓虹，正是由于北京市破例创行“扩大招生”的办法，才有幸终于在1978年3月初的一天，踏进她“向往已久的北大校园”，当然，录取的条件之一是“走读”（《我的走读生活》）。报考复旦大学中文系的陈思和，同属第二批录取的走读生，当时“仅中文、数学两个系招生，是4月份进校，插入新生班上课”（《遥忆大学路》）。向往复旦大学新闻系、中文系的许纪霖，成绩虽高，却也是补充录取，“唯一让我美中不足的是，录取我的是华东师大的政治教育系”（《我的大学时代》）。

正因上学的机会来之不易，所以七七级、七八级的同学一进大学就人人一门心思发奋读书。除上课外，他们几乎整天泡在图书馆里，不分寒暑在路灯下熬夜苦读，大清早赶到书店门前排起长龙买文学名著……“连吃饭都是匆匆忙忙的，一进食堂就拣短的队伍排”（韩小蕙《上大学！上大学！》）。对于这代人而言，如此努力的好处，是大学不仅让他们获得了一把开启知识之门、智慧之门的钥匙，懂得了独立思考的可贵，而且塑造了他们的人格和精神，对于他们后来的发展具有决定性的影响。

当然，自恢复高考以来，四十多年间中国已经培养了多达数百万的硕士、博士研究生，近年来谈及硕、博时期“幸运”的文章也不在少数。可谈这两个时期的文章本书选得极少，原因是一旦涉及硕、博阶段，重心很容易就滑向更为专门的学术训练、更具专业背景的师生互动等，而“学堂”也很容易被更为具体的“院（系）”“研究所”乃至“师门”稀释与代替。换句话说，这一类的文章极容易变为有关个人学术成长史的自述，虽然也能做到各有面目，但其可读性、趣味性也就不容易保证了。

· 三

一所学校的整体风气，以及校园中的师生关系、同学情谊等，往往会影响莘莘学子对于母校的印象，而健康、积极的印象会成为他们日后不断追忆与回味的内容。张中行的“红楼点滴”系列，回顾了蔡元培开创的“兼容并包、学术自由”之风气，在三十年代初的北大校园无孔不入。其表现之一是“课堂的随随便便”，学生“不应该来上课的却可以每课必到，应该来上课的却可以经常不到”(《红楼点滴一》)。而教师的教学也各具风格，比如孟森每次上课都自顾自念讲稿，伦明对上下课的钟声从来都听而不闻，林公铎开课讲“唐诗中的陶渊明”，钱玄同坚持每门课不判考卷等（《红楼点滴三》)。在学术自由方面，教员既以身垂范，也鼓励学生勇于坚持自己的见解，整个校园充斥着“吾爱吾师，吾更爱真理”的空气（《红楼点滴二》)。

这种自由、开放的风气，一度使得北大师生之间的关系看起来略显“疏远”——除个别外，学生很少听了某教师的课以后还登门求教的。1921年至1927年就读于北大德文系的冯至，对此深有感触：

> 日子久了，我很少看到一个教授或讲师对学生耳提面命，更没有听到过有什么学生程门立雪，表示求教的虔诚。我个人在北大六年也从来不曾想过，认谁为业师，更谈不上我是谁的及门弟子。那么，我所得到的一知半解都是从哪里来的呢？回答说，是北大开放了的风气给我的。(《“但开风气不为师”——记我在北大受到的教育》)

实际上，这种开放、自由的风气，深深地影响了北大学子。

塑造和影响学生的，不仅有学校的整体风气，更有来自老师们的品行、才情和魅力。来新夏对抗战时期辅仁大学的主要印象，是在此任职的诸位名师，“从无一人自命为大师而表现傲慢，对学生循循善诱”，“都承担教学与辅导工作，亲自改学生作业与笔记，发还时同学间争相参读老师的批语”(《我的辅仁四年》)。而七七级的朱寿桐对苏州大学的深刻印象，则在于老师们“治学的成就和高超的讲课艺术，连同他们正直善良的为人，带着各具特色的声腔和表情”等所形成的魅力(《母校杂忆》)。

此外，谈论对于母校的印象，像黄天骥难忘入学中山大学第一天同系师姐的温暖情谊(《话说“迎新”》)、叶兆言感慨南京大学学子的苦读传统(《对母校的记忆》)，这一类的文章为数众多，也各有令人印象深刻之处，但本书也只能尽力别择，适当选取。因为无论追忆师长的嘉言懿行，抑或回味同学的深情厚谊，此类文章都很容易变成以“怀人”为主的“师友杂忆”，“学堂”则往往沦为无关紧要的背景。再者，这类文章所怀之人或许有别，但所表之情却难免大同小异，要写出独有的韵味或意趣，其实并不容易。

· 四

最后一辑所选取的文章，既指向百年学堂的内在魅力——其校训、“校格”和传统等，也指向今日校园堪忧的外部干扰，比如制度性因素等。各篇文章进入的角度虽然有别，主要着眼点却是一致的，那就是突出教师、知识分子与学堂的精神联系。

就实际来看，一所学校的风气并不单指具体的教学氛围，它往往也凝聚为某种校训、“校格”或精神，成为后人追怀、歌颂与继承的优良传统。“五四”以来，对于北京大学而言，陈独秀等人所开创的“科学与民主是未经确认却是事实上的北大校训”，“正是它，生发了北大恒久长存的对于人类自由境界和社会民主的渴望与追求”(谢冕《永远的校园》)。反思百年校史，“具有永远的批判意识”，永远做“新的改造运动的先锋”，也正是北大最该被继承和发扬的传统（钱理群《想起了七十六年前的纪念》)。而对于清华大学而言，恪守做学问“卓越与为公”的最高标准，“培养爱国的、学识精湛的专门家”，为中国的革命和复兴立下功劳，却是它的“校格”和优良传统（王佐良《想起清华种种——八十校庆感言》)。

一所古老的名校，总会有一批知名的老师。这些老师生前未必声名显赫，但随着学生、后辈的追忆与渲染，他们的胸怀、气度和人格，往往与学校的风气融为一体，相得益彰，乃至成为某一时代知识分子的精神传统。启功记忆中的辅仁大学校长陈垣（援庵），是一位时常对他的教学研究工作耳提面命、谆谆教诲的恩师。更为可贵的是，陈垣虽有校长办公室，却经常到教员休息室参加沈兼士、余嘉锡、容庚、唐兰等先生慷慨激昂的学术讨论，使国难时期的教员休息室“还潜流着天地正气”(《“上大学”》)。1940年初至1946年秋，因抗战烽火西迁贵州遵义、湄潭办学的浙江大学，值得后人称颂的，不仅是当时的办学成绩，更是竺可桢、苏步青、谈家桢、王淦昌等浙大师生“茶与人都相濡以沫，厮守着，共度时艰”“虽众声喧哗，却能把持住那份沉静”的精神和气象（张劲《浙大那壶湄江茶》)。而几乎同一时期，西南联大、云南大学的教师陶重华、张宗和、崔芝兰、许宝騄等在教学之外，定期在昆明晚翠园举办曲会，他们多半生活清贫，却“还能平平静静地做学问，并能在高吟浅唱、曲声笛韵中自得其乐，对复兴民族大业不失信心，不颓唐，不沮丧”。人心浮躁之际，中国知识分子的这种“安贫乐道，恬淡冲和”，正是值得继承和发扬的优良传统（汪曾祺《晚翠园曲会》)。

这些让人神往的名师和学人，尽管历经磨难，内心却不失独立之精神，不改对学问的执着。1952年以后，居住于燕南园的汤用彤、朱光潜、王力等北大教授，“生活的重心、兴趣的焦点都集中在工作，时刻想着的都是各自的那点学问”，即使年逾古稀，乃至卧病在床，也“紧紧抓住不多了的时间，拼命吐出自己的丝，而且不断要使这丝更亮更美”。正是这种醉心学问、不断求知的精神，使他们成为日复一日照耀着青年学子的“光辉的霞彩”（宗璞《霞落燕园》）。

令人遗憾的是，一些制度性的原因，使得一批学有专长、富有个性与才情的老师过早地消隐。1953年，在全国院系调整中，位于江苏丹阳的私立正则艺专最终被并入新成立的江苏师范学院，艺专“乱针绣”唯一传人吕去疾先生拒绝赴任，坚守丹阳几十年，但最终没能重建艺专，“从此乱针绝技，终于广陵散绝”（高尔泰《广陵散》）。而二十世纪九十年代中期以来，高校实行博导六十三岁退休的制度，“使得北大校园里这道特殊的风景，有可能永远消逝：一刀切的退休制度，使得以后的学子，再也没有六十三岁以上的老教授可以‘从游’”（陈平原《即将消逝的风景》）。制度的原因加上时间的流逝，校园里一批“有个性、气质与才情”的老教师会慢慢凋零，后起的博学之士自是有之，但不见得“有韵”且“有味”，这是颇可喟叹的。

目　录

辑一　遥忆学堂路

辑二　幸运的年月

辑三　心中的母校

辑四　永远的校园

辑一　遥忆学堂路

遥忆学堂路

难忘的记忆

——我的中学时代

谢　冕

我相信我们那一代人的中学时代很少人不是在动荡中度过的。如今回想，仿佛整个生命陷入迷乱的星云中。时局的不宁、环境的多变、生计的困难，压迫着我们，使我们还没有真正开始生活，便对生活怀有畏惧心理。

我的家乡是福建省的福州市。那曾是一座南国风景佳好的花园城。闽江蜿蜒流过市区，市街两旁种植着白玉兰——那是北方看不到的一种高达数丈的开花的乔木。郁达夫曾经极口称赞过我的家乡："山间的草木一年中无枯着的时候，最奇怪的，是梅花开日，桃李也同时怒放；相思树、荔枝树、榕树、杜松之属，到处青葱欲滴，即在严冬，亦像是首夏的样子"。(《闽游滴沥之二》) 南国温暖的太阳，照射着常绿的四季，1932年1月，我便诞生在这片美丽的山水中。

但陪伴我度过童年和少年时代的，却是一连串凄苦的日子。我整个小学阶段在抗战的炮火中度过，断断续续地换了好几个学校才念完。抗战胜利后，我进入了中学。在解放战争的炮火中度过这一人生阶段。

我的中学母校是福州三一中学。这是一所外国人办的学校，收费甚高。那时社会不安定，通货膨胀严重，我父亲已失业多年，家境十分艰难。我每学期开学都为缴纳学费发愁。但我还是坚持念完初中并升入高中。我之所以能够如此，全靠两位最值得我感激的人的帮助。一位是我那时刚刚孀居的姐姐谢步韫，她以自己的积蓄，甚至变卖自己的婚饰供我学费；一位是我在仓山中心小学读书时的老师李兆雄先生。他通过自己的影响，使我每学期都获得部分减免学费的优待。要是没有他们，以我当时的经济条件，是完全上不起这样的中学的。

我在上小学时便喜欢读书。进入中学又对文学发生了浓厚的兴趣，特别是诗和散文。在这方面，对我影响最深的是语文老师余钟藩先生和林仲铉先生，他们都是南京中央大学国文系的毕业生。林先生是替余先生代课才来到我们学校的，虽只短短一个学期，但我们之间的关系甚至现在也一直保持着。他现在是福建师大的教授。余钟藩先生文学修养很深。他给我们讲《论语·侍坐篇》，用接近古音的闽方言吟诵，如听典雅的古乐，如今回想，依然充满了激动。

我是从古典文学入手，然后接近现代文学的。进入初中我便读《水浒传》《红楼梦》等古典文学名著。那时我通过自学已能全文背诵白居易的《琵琶行》《长恨歌》，而后，开始大量阅读新文学作品。从冰心的《寄小读者》《南归》到巴金的“激流三部曲”，那时我也读过鲁迅的杂文，但不能理解他的精深博大。

文学不仅给我清贫困苦的生活增添乐趣，而且陶冶了我的性情。可以说，新文学作家对我影响最大的是冰心和巴金。冰心教我爱，巴金教我反抗。他们的作品都以震撼心灵的、人性的力量滋养了我。那时，我的生活十分艰难，物价飞涨，真如马凡陀诗中写的，是“这个世界倒了颠，万元大钞不值钱”。经济来源经常断绝，我们一家经常处于半饥饿状态。我和弟弟有时不得不去捡一些稻穗，砍一些柴禾以渡难关。

但我钟爱文学如挚友。我节省父母给我的极可怜的一点零用钱买自己喜欢的刊物，如《中国新诗》《诗创造》等。姐姐家住在福州城里，我住南台，相距甚远。但每到周末，我总步行进城到她那里取过时的报纸——因为报纸的副刊上有我热爱的文学。我那时买不起报纸。

对文学的兴趣使我忽视了其他功课，我不喜欢数学，虽然都能及格，但一直没得过高分。三一中学是英国教会办的学校，重视英文的程度超过本国语言。英文课在全部课程中是最重要的主课，占的时数最多。辅助这门主课的，尚有一系列课程，如单独开设的英文法、英练写、英会话、英作文等。三一的校歌是用英语演唱的。但那时我的全部兴趣都被文学夺去，加上对教会的反感，影响到我以近乎敌对的态度对待英语的学习和掌握。这种偏颇所造成的损失，直至今日我还在责备自己。在中学，我因为过早地专注于文学，使我的学业不能全面发展。我并不是班上成绩最优秀的学生。

我最喜欢的功课，除了本国语文之外，便是作文。那时的作文，大体都是余先生命题，间或也有自定题目的时候。遇到作文课，我兴奋得有如过节，往往借题发挥，当场把先生出的题目写成文学作品，有时是散文，有时则是小说——虽然是幼稚的小说。我第一次在报刊发表的作品《公园之秋》便是课堂作文。这篇作文很短，我一气呵成，余先生给了九十二分，并写了“立意精新”之类的评语。我受到鼓舞，便偷偷地投给了福建当时最大的一家报纸（福建《中央日报》）的副刊。不几天，我到报栏看报，居然加上花边登了出来，这是1948年11月26日的故事。这篇有点像散文诗的《公园之秋》全文是这样的——

黄昏，我走进公园。

我没有闲情来享受这绮丽的秋之景色！

枫叶红似榴花，我不想作一首华丽的赞美诗，我想，那是血；那是苦难大众的血迹；他们，这批可怜的被献祭的羔羊，被侮辱了，被宰割了，在黎明未降临之前，他们被黑夜之魔夺去了。血，斑斑地染在枫树叶子上。

小河呜咽着。

河畔的享乐者歌唱着。

我该作如何的心情呢?

唱吗?我不应该这样做;哭吗?又不合时宜,于是,我忍住泪,“心沉向苍茫的海了”。

秋风中飘零的枯叶,像纸币,红的,黄的,也有绿的……

风,像一把利刃,刺向人民的咽喉,哀呼一声,血流出来了,人民哭了,哭声恰像秋的风,飒飒地响。

忧郁的山啊!你皱着眉,屹立在对面,泉水潺潺地从山凹中流下来了,是孤独者的泪啊!

看!公园外,一片广漠的田地。绿色,是大地母亲的胸脯;金色,是血汗付出的代价呀!是收获的季节了,原野上轻荡着稻草的清馨,菜畦上,农夫开始播种了,明天,又将是收获的季节了!

我的写作兴味受到了鼓舞,诗、散文,有时也试着写小说和文艺随笔。当时福州的几家主要报纸我都投稿。那时才十六七岁,胆子大,敢闯。我没有熟人,也不找那些编辑先生,但寄去的稿子大体都能发表。对那些默默地为我改稿子、发表像我这样一个中学生习作的编辑,我至今都怀着深深的谢意。

可是，我不认识他们，也无从表示我的谢意。只有一位是例外，那便是当时在《福建时报》编《詹言》副刊的郭风先生，他是当代著名的散文家和诗人。直到八十年代我们相识了，提起旧事，他才知道当年的谢鱼梁（我使用的一个笔名）就是我。这益发加重了我对他的敬意。

1948年，我初中毕业，解放战争正在紧张地进行。国民党政治腐败，贪官污吏横行。国统区人民的生活十分痛苦，满街都是饿殍。我目睹这一切，加上自身的生活体会，产生了朦胧的反抗意识。我陆续参加一些学生的进步运动，以实际行动抗议国民党的倒行逆施。从一些同学老师那里，我阅读了从香港转入内地的解放区的作品如《白毛女》《白求恩大夫》等。这些书籍打开了我的眼界，给我以明显的革命的启蒙。

我继续写诗。这些诗多半是在课堂上写出来的。它们的总主题是歌颂光明、诅咒黑暗，艺术上则大多取法于具有现代倾向的诗作。渐渐地，诗风也趋向了朴实。1949年3月，在国民党的高压中，我在一家报纸上发表了《见解》。诗并不好，但思想倾向却鲜明：

泪是对仇恨的报复，
锁链会使暴徒叛变，
法律原是罪恶的渊薮。
冰封中有春来的信息。

黑夜后会不是黎明？

有人在冀企着春天！

历史的车轮永不后退，

寂然的火山孕有愤怒的火焰。

这时候，我已开始不大注重诗的艺术磋磨，我一心一意要通过诗呼喊出人民的声音。我当时诗的信仰，已鲜明地倾向于人民性的追求。在一首题为《诗》的诗中，我确认诗应当“呼喊出奴隶的声音/是被损害与被侮辱者的咆哮”。那时的一代人似乎都因饱经忧患而早熟，我在写这些诗、做这样思考的时候，才十六岁多。

三一中学设小学部、初中部和高中部。本校初中生升入高中不用另行考试。我只在那里读到高中一年级。但就是这一年，我们从事了许多有意义的活动。我们进行了民主竞选学生自治会主席，还举办了读书会。高中一年级下半学期，解放战争的形势急转直下，人民解放军渡江后，上海迅即解放。这时，盘踞在我们内心的是如何以实际行动迎接福建的解放，我们对学习也不大专心了。

1949年8月17日福州解放。我们走上街头欢迎人民解放军。不久，一位解放军文艺工作队的干部来我们学校动员我们参军。当年8月29日，我就告别了母校和家庭，穿上了军装。来到部队，我仍然想念着哺育了我们的那些报纸副刊，我满怀激情给《星闽日报》的《浩瀚》副刊，投寄了我中学时代的最后一篇稿子：《我走进了革命的行列》。在这篇散文中，我写道："我看见了无数的至今还在受难的人民，向着我，他们伸出了呼援的手，我看见了广漠的、至今还在兽蹄践踏下的土地在哭泣。呀！是的，我应当为他们献出我的血和汗。因为我向往于一个美丽的人民共和国，因为我向往于一个世界大国的人民的乐园，于是，我以激动的心情，张开了热情的两臂，向着广大的人民大众拥抱。"

上述那些话发表的时候，是1949年9月16日，距离中华人民共和国的开国大典，还有半个月。当然，另一个新学年也已开始了半个月了，但我已经结束了我的难忘的中学时代，尽管我才读完高中一年级。

我的中学时代充满了忧患与抗争。我几乎每一个学期都过得十分艰难。我不断地为筹交学费而奔波。因为时局的混乱和家境的贫寒，我那时也少有欢愉，唯一能够安慰我的，是文学的兴趣和爱好。它是我不宁和暗淡生活中的一朵温馨的火花。凭着它，我以我尚未成年的生命领略着人世的甘苦。它领着我追求崇高的人生价值。文学催我早熟。我那时知道，中国解放了，我们将生活在明朗的天宇之下，自由的土地之上，重新开始我们的中学生活。我也许因而成为某一方面的专门人才。

但是，更有意义的生活在向我招手，我终于告别了我的母校和我的家庭。当然我选择的这条道路是更为艰难曲折的。它是充满了痛苦和随时都要准备做出牺牲的道路。我为它付出了比全部中学生活还要多的时间。换来的东西是宝贵的，那便是非常充实地为广大人民而工作的战斗的青春。

旧历甲子除夕于北京蔚秀园

（录自《从这里走向人生》，广西人民出版社，1987年版）

没有围墙的学校

张　炜

我不愿回忆我的中学生活。在那个动乱的年代里，留给我的不愉快的事情太多了。我写这篇短文的时候，好像又回到了当年的同学们中间。我在心里与他们交谈着：当年是这样的吧？我们的学校，还有我们自己，是这样的吧？

我们四农中学坐落在胶东西北部的小平原上，那是胶东自然环境最优美的地方之一。我们的学校不像当时一般的校园那样，围了高墙，又做了大铁门。她藏在一片果树林里。与果林相连的，是那无边的、茂盛的乔木林子。一幢幢整齐的校舍在园林深处，夏秋天里看去，只见一片葱绿，要是没有人指点，只怕还不知道这里面有所学校哩。林中的鸟儿很多，树下满是野生的白菊花。当时的人也不像现在这么多，很少有一群群的人涌到林子里干什么。林子安静、美丽、幽雅，我现在想起来，还真感谢那些选择校址的人。

校址可以选择，上中学的时代可不能选择。我开始做中学生的时候，正好是六十年代末期。那时候社会上很乱，人们的日子都不很好过，林子边上村庄里的居民又闹起了派性，连再老实的人也得不到安宁。有时人们从静谧的林边走过，竟然不由自主地想象起里面的生活来。他们往往想象得很美好。

其实，这所中学的教师和学生也忙成了一团糟。大家写大字报、开批判会，有时兴致来了，可以一连几天通宵不眠。林子边上静静的，林子深处却闹翻了天。

我们都会写大字报，简直是无师自通。字越写越大，墨汁蘸得很浓，一句话的结尾，常常要使用三四个感叹号。开始是矛头向上，批判资产阶级，后来就在同学中找小牛鬼蛇神了。同学们出了教室，或者是在上学、放学的路上，不同班级的见了面，都皱着眉头问对方："你们班找到了吗？"对方有时这样回答："刚找到，两个……一个是地主（他爷爷给地主看过庄稼！）；一个骂烈属王大爷！……"

夜晚，南风送来一阵阵苹果的香味儿，白菊花更是香极了。写大字报用的墨汁放得久了，摆在桌上很臭，大家还是一下一下地蘸着。我们做学生的写，老师也写。有的老师一张张地翻看着学生写的大字报，看到满意的词句，比如，"狼子野心何其毒也""反误了卿卿性命"等句子，一定要用红笔在下面画一道曲线。到后来我们也完全猜得出哪些句子将会被画上可爱的红线，就到处去寻找那些有趣的、但是怎么也搞不明白的古怪句子和词了。有一次，我竟然使用了“怪哉”这个词——这个词本身就够“怪哉”了！果然，没有一会儿工夫，它的下面就有了红线了。所有的同学都看着眼热。当然我也有羡慕别人的时候。有一次我的邻座竟会在大字报上写出了这么一句：“岂非咄咄怪事！”我一下子就给征服了。大字报上每出现一个新词新句，被批判的小牛鬼蛇神就哆嗦一下。这大约就是战斗性了。我们觉得“革命”和“造反”真有意思……我们大概是建国以来写毛笔字最多的一些中学生了，也是毛笔字写得最糟糕的一些中学生！

我们的学校是所联办中学，其中还包括小学。记得一个小学生在田野里玩，摘了几个果子、扒了几块红薯，学校就决定开他的批斗大会。他很小，还没有一张桌子高，脸色蜡黄。批斗会是必须呼口号的，呼口号的时候，他自己也跟着举起小小的拳头。校园里的大字报，这阵子几乎都对着他，黑板报上的插图文章，也是批判他的。他连哭也不敢哭了，只瞪圆了一双惊骇的眼睛，痴呆地望着那些他永远也不会理解、一多半儿字还不认识的大字报……这个小同学今天哪去了？他即便长成了一个魁梧的汉子，会忘得了那些铺天盖地的大字报、忘得了那个声嘶力竭的批斗会吗？我相信他心灵上还会带着当年创伤的疤痕。

除了搞批判，就是“学工、学农、学军”——我们学校离一座煤矿的矸石山不远，因此主要是“学工”。我们“学工”

就是爬到山顶上，从废矸石里面掘小煤渣。雨天，雨水可以把亮晶晶的小煤渣冲出来，我们就得冒雨登山了。矸石里含有一种化学物质，常年燃烧，发出一股难闻的硫黄臭。在风雨天里，有时燃烧得更厉害，矸石山上整天浓烟滚滚。我们自觉这就是在闯一座火焰山，心里有着莫名其妙的激动和自豪——没有过不去的火焰山！大家不知在黑泥水里跌了多少跤子，各自提着个小篮子，里面都盛着一捧煤渣。大家把煤渣倒在山下的一块平场上，等着外地人来买。当时很多煤矿不出煤，这样的煤渣也成了好东西。

卖煤渣得了一些钱，学校用来买了高音喇叭。高音喇叭安在学校的一棵大树上，一天到晚放着几支相同的歌。有一段京戏的几句词儿妙极了："提篮小卖，唉嗜唉嗜唉嗜嗜！拾煤渣……"这真是唱绝了。这不是唱我们"学工"吗？活生生地唱出了我们提着篮子拾煤渣的情景——它知道它是我们拾煤渣的钱买来的，所以就这样唱了，它可真是个够朋友的好东西。我们大笑着，明明知道自己的推论是错误的，却偏偏要那样想，并大声地应和着唱起来。除了用它听歌、学戏，还用它讲话。批判大会上发言，被它扩出来的声音，威武而雄壮，势不可当。把大字报对着麦克风一念，大字报的词句仿佛更完美无缺了，连我们自己都怀疑起来：这么好听的词儿，会是我们亲手写出来的吗？……卖煤的钱除了买来一个大喇叭，还买来了一副篮球架。篮球架很漂亮，不组织一个过硬的球队是对不住它的，学校领导亲自挑选队员，条件是个子高、觉悟高、出身贫农。

我和大家一块儿写着大字报，也一个人偷偷摸摸地读了些有趣的书。我开始学着写些别的东西了，不求别的，只求有趣。我写了我们的果园、鸟儿、白菊花，也写了同学们的劳动。我有时也把文章送给信得过的老师看。老师看了我写的一篇文章，说好是好，不过怎么能用“漂亮”这个词呢？我听了挠挠头，真的，我写到一个拾煤渣的同学时，这样写道：她很漂亮……我的脸红了。立刻用笔把那两个字划去了。我从此认定这两个字是属于资产阶级的——直到后来，直到我走出校园很久很久以后，我才真正知道这两个字的含义：正好相反，它属于劳动着、创造着的健康的人们！

两年的中学生活一晃就过去了。在离别这个没有围墙的学校时，几乎所有同学都哭了。我也哭了。我们突然觉得我们的学校很美。令人遗憾的是我们大家在这么美好的校园里做了并不美好的事情。这很可惜。值得留恋的还有别的事情——接近毕业时上级分配来学校一个女教师，跟所有人都不一样，她唱啊，跳啊，不停地笑。她教同学们唱委婉的歌，还手持马鞭教大家跳“奔驰在草原上”的舞蹈……但，我们终于毕业了。我们的中学生活并不有趣，可是有一个漂亮的结尾：奔驰在草原上！

回忆到这里，我想起一个问题。我在想我们当时真是傻得可以。是因为年少幼稚吗？那么有的老师呢？结论只能是他们同样幼稚。可是他们毕竟年龄很大了，有的都到了中年或已过了中年——这不能不说是一场人生的悲剧。我们的学校没有围墙，却并没有因此而和美丽的大自然更亲近起来。一道道看不见的“围墙”正把我们围住、隔离开来，使我们远离了世界上那些最美好的东西……

告别了，我的中学时代！我在那个年头里，曾经浪费了一个人的一生中再也不会重复出现的、仅仅属于那个美妙年纪的热情。这是我今天最为惋惜的。我记住了。

（录自《黄金时代》，知识出版社，1988年版）

南开忆旧

黄　裳

今年春天到天津，抽空到南开中学去了一次。解放后我曾先后到这里访问过两次，第一次大约在1950年，记得还遇到一位当年的老师，白发盈颠了，握手之余不禁感慨系之。这一次可是什么老人也没有遇到，旧有的建筑物有的还在，更多的则是几十年来新建的。古诗说，“所遇无故物，焉得不速老”，真是一点都不错。不过“故物”也不是一点都没有留下，于是我就尽量找寻尚存的旧迹，借以回溯六十年前的游踪。

范孙楼和中楼是在的，虽然历经了日军的炮火和大地震，一些都没有损坏，不能不说是一种奇迹。走进去转了一转，没有引起什么回忆，范孙楼是科学试验楼，大概是曾经在这里做过化学实验的吧。走出楼来，向左一看，一排小小的两间红房子仍然还在，一些都没有变样，只不过不知道现在是做什么用的了，当年这里是银行的代办处。每月收到家里寄来的生活费，交纳了伙食费以后，余款就都存在这里。

转过范孙楼一直走下去，过去的图书馆和我曾住过的宿舍都不见了。大概已经拆去。这图书馆给我留下的印象是好的，藏书不少，差不多的新文学出版物这里是都齐备的。每本书都用紫红色的硬纸板装了护封。鲁迅、周作人的早期著作我都是从这里看到的。记得有关南开中学禁止“淫书”（《情书一束》等五种）的事就是从这里看来的。当时管理图书馆的老师竟自没有发现加以销毁，而任其流传，实在也不能不说是一种疏忽。

图书馆前面，是一个排球场。每天下课之后，就有些高年级的同学在这里比赛排球，我喜欢站在一边看，一看就是一两个小时。我觉得这是一种南开的特色，注重体育和课外活动。学生也没有被功课压得透不过气来，课余生活还是悠闲自由的。

我自己是喜欢足球的。有一个时期还组织了一个球队。在学校对门的春合商店里定做了球衣，定期到南楼边上的足球场上去练习。有时候一个人也去练，即使是极冷的冬天，也穿了短裤，面对围墙踢上小半日。球技并没有练好，身体却逐渐强健起来。

再往前走，就是那个小花园，右侧一排平房，也依旧是当年的旧样。花园里种着四时花木，有专人管理，是课余读书的好去处。这里的菊花是有名的。九秋时节，就从花房里搬来许多名种，安置在园里。那座玻璃花房就在后面，秋天里面摆满了菊花，分别安置在一层层的木格子上。据花匠说，张伯苓校长喜欢菊花，特别欣赏一种梨香菊。这花并不怎么好看，只是有一种淡淡的梨香，倒是真的。

花园右侧的一排平房，大约有九间，是教员宿舍。但这里住着的都是年资高的老师，刚从大学毕业是没有份的。从初中一到初中三一直担任我的国文教师的是任镜涵，一位老先生，可能在清朝还有过什么功名，这一节我不清楚。学期开始，我们就都捧了一叠粉红纸面簇新的作文簿去请他题签，他就一一给我们题，还签了名并盖章，实在颇为风雅。但从他那里实在并没有学到什么，那讲义也一些都记不得了。到了高中，国文教员换了孟志孙，就大大不同了。教材首先就两样，《诗经》《楚辞》……次第讲授，当然是选本，并非全文。指定的参考书也别致。讲《楚辞》(其实只讲了《九歌》)就指定要参考戴震的《屈原赋注》。他又不说明这已有了商务印书馆新印的小册子，于是我们就到处找这《屈原赋注》，总是找不到。不必说新书店，就是旧书铺里也没有。直等到同学周杲良从书包里取出了两本木刻精印本的时候，才知道这是他父亲周叔弢先生的家刻本。这书几十年来我一直注意搜寻，终于得不到。还是前两年从叔弢先生那里讨得了一部。是这书，使我对木版书发生了兴趣，从此买起旧书来，虽然它只不过是五六十年前刻的，说不上古。

志孙先生好像又颇注意于“五四”以来兴起的“国学”风，由于他的影响，有一个时期我也曾想做一个国学家，同时对胡适们所搞的一套发生了兴趣。胡适做的《红楼梦考证》和主编的《独立评论》都是我的课余读物。上海的刊物中出现了林语堂主编的《人间世》，站在这对立面的是鲁迅的杂文。那时候年轻，还不能了解这是三十年代文坛和政治舞台上两种势力分明、激烈的争斗，但想做国学家的愿望却终于消失了。志孙先生是本地人，说得一口天津话，他用慷慨激越的声腔大声朗诵孔尚任《桃花扇》“余韵”的神态至今还留在我的记忆里。他写一笔郑板桥体的“六分半书”，无论在黑板上和作文卷上都是如此。在考卷上他从来不批分数，只简单地写一个什么字，这是出于一句五言古诗中的。要等同学考卷一起发下，才能弄清自己得的是诗句中的第几个字，知道这是甲乙还是丙丁。

在南楼的一侧，也有一排小房子，好像也被称为“九间房”，这是另外一处教员宿舍，“七七”之后，日本飞机的炸弹首先就落在这里。这是我早已知道的，因此也就不去访问那遗址。一直教我们英文的李尧林先生就住在这里。至今我还记得他在一个冬天的星期日晚上，叫我到他那里谈天的事。小小的房间，生着一个火炉，炉子上煮着鸭梨，他就用这来招待客人。在所有的老师中间，他是与同学关系最亲密的一位。他和我们一起在大食堂里包饭，同桌进食；他喜欢打网球，也喜欢看电影。他和我们随便谈天，他告诉我，在宿舍里我的床头小书架上排满了的新文学书，曾引起过舍监的注意，在我们上课时去检查过几次，虽然不曾找到什么“反动”的把柄，到底被当作思想不稳而提到教务会议上去了。他当场提出了抗议，痛斥了这种暗害的不光彩行径，在说着这些时依旧掩饰不住他的愤慨。他喜欢音乐，搜集了不少唱片，就放乐曲给我听。他在课堂上用英文讲课，教我们唱英文歌，有时还把课堂移到室外，带我们到近处去散步，一面走一面讲课。这许多对同学们说来都是极为新鲜的，他不是严师，是可亲近的大朋友。

他喜爱文学，在书橱里满满放着新文学出版物。在玻璃橱门上贴着一张“此橱书籍概不出借”的纸条，他注意到我看着这纸条出神，就笑着说：“要看什么，可以借去。”从书橱中我抽出了两本《我们的六月》《我们的七月》。这是我第一次与俞平伯的作品相见，虽然朱自清的《背影》和叶圣陶的《稻草人》早在小学时已读过了。

在“九间房”里还住着两位先生，何其芳和毕焕午，不过他们不曾教过我，因此并不相识。其芳先生后来在一篇散文里曾对南开表示过非凡的厌恶，称之为“一个制造中学生的工厂”，我们每天晚饭经常去散步的墙子河，在他的笔下也成为一条臭水沟。可以看出，他对这个学校的行政管理、教学方式是很不满意的。这使我想起每周在新建的瑞廷礼堂里听校长张伯苓的“训话”，这些“训话”大约就是引起其芳先生他们极大反感的。校长以外，有时张蓬春先生也偶尔来演讲，在我的印象里，他是很善于说话的，比他的老兄高明得多。张九（蓬春）是南开话剧运动的创始人，又在梅兰芳赴美演出时起过很重要的作用，所以他又是梅兰芳的好朋友。于是有一次梅来天津演出时，就请他到学校来参观了，也许是想请他演出为学校募捐的义务戏，这一节我说不清楚。

这座瑞廷礼堂现在还在，也还是大礼堂，不过看起来有些过小也破旧了。我没有走进去看。不过三十年代初建成时却是了不起的堂皇的新建筑。梅兰芳到学校来时，训导老师早就做好了准备，严禁学生围观。那时我很想请他签名，但没有法子想。灵机一动，想来他一定会参观礼堂的吧，于是就事先挨进后台等候，果然校长们簇拥着梅走进了空落落的礼堂，这时我就突然从后台走出，出现在他们面前，校长们受到这突然的袭击也束手无策，我并没有受到叱责，从容地将一张纸片递过去了。梅兰芳接过后踟蹰了一下，轻声说，“是横着签还是竖着签呢？”然后就用笔写下去了，字写得很纯熟而老到，和他说话的语声完全不同。这时，我注意到他脸部的髭须已经青青地布满了双颊了。

刚进学校的时候，是没有资格住校内宿舍的。我们这些一年级生就被安排在学校附近的一处民居里。学校也派了监学，在管理着夜自修。就在这里，我第一次尝到并明白了国难的意义。学校附近的六里台、海光寺都驻有日本兵，时常打靶，枪炮声不绝于耳，这倒也习惯了。接着又来了“津变”。日本人收买了一些青皮混混，排队请愿，说是要求“自治”。这一回闹了足足三天，不能上课，也不能出门。有谁形容当时的形势时说，整个华北，已经安放不下一张安静的书桌，说得实在是透彻极了。

至今还清晰地留在记忆里的是1935年冬的学生运动。当时“何梅协定”已经签订，冀东的伪自治政府已经出现，“冀察政务委员会”也已成立。北平学生发动了轰轰烈烈的“一二·九”运动。消息传到天津，各校也加以响应发动了声势浩大的游行示威。游行队伍是要经过东南城角的，再过去就是日租界，这时路口已经布满了路障，沙包铁丝网后面是严阵以待的日本兵。队伍经过时口号喊得特别响亮，同学们横眉冷对着虎视眈眈的敌人大踏步地向北走去。在行近金刚桥时，又遇到了一大批警察，阻挡队伍不许向省府前进。在对峙中，“中国人不打中国人”的口号声响起来了，同学们手挽着手组成了一道人墙，准备迎接皮带水龙的袭击。这时河北区各校同学的游行队伍过来了，会师以后队伍折回大胡同，在官银号前举行了群众大会。

就在当天晚上，高中部同学执行全校同学决议，赴南京请愿。我当时是初中三年级生，也参加了这个队伍。大家来到天津西站，要求乘津浦特快车到南京去。要求被站长拒绝了，这是在意料之中的。没有法子，决定步行南下。今天想来，这决定是幼稚的，极少可能的。但在当时却以为是可行的，天公地道的。冬夜是冷的，何况又吹着刺骨的北风，队伍就这样沿着铁路行进。肚子有点饿了，不妨事，带的有从食堂里取来的小馒头。试去吃时，不但毫无热气，表面还起了一层冰凌。不过味道是好的，并不下于在火炉边烘过的那一种。就这样，在天色微明时走到了杨柳青，一个以出产木版水印年画著名的地方。

当我们在一所小学里休息的时候，学校派了几部卡车追踪而至了。同来的是以喻传鉴为首的几位老师。他们平时给同学们留下的印象还是不坏的，所以选派了来做“说客”，苦口婆心、声泪俱下地要我们回去。看到乘车的希望是没有了，步行请愿的准备又不足，只能先回学校去再说。使我们改变计划的是冷酷的现实而不是老师的说教。这时我们就叫喻传鉴为“臭鱼”，算是对他劝阻我们南下的努力的评价。

返校以后，校方立即使出了惯用的法宝，提前放假。

在南开学习的短短五年中间，提前放假的事就不止发生过一两次。整个的学习环境都摆脱不开日本帝国主义的侵略，仿佛头顶一直笼罩着大片乌云，不知什么时候就会有暴雨降下。在侵略军的行进声中，听李尧林先生讲授都德的《最后一课》，那印象是不能磨灭的，其实也用不着多余的讲解。要进行爱国主义教育，哪里还找得到比这更合适的地方。

（录自《黄裳文集6·春夜卷》，上海书店出版社，1998年版）

木棉树下

——我的中学时代

舒 婷

对于一个大学毕业甚至读了硕士、博士的人来说，中学时代只是漫长阶梯的一小段。然而，这一小段的影响至深。更何况我的最高学历只有初中二年级，我的个性、气质、道德观，乃至常识性的认知，都来自我非常短暂的中学时代。

难怪儿子总说，我们家就数我妈妈的文化水平最低。因为就连他，今年也上高一了，而且是我的校友。

· 满地寻找通知书

小学我一直在转读，转了四五所学校，因此没有建立稳定的师生友谊，甚至大部分同学的名字都记不得了。我的作文在小学四年级异军突起，五年级就经常被作为范文，六年级时老师不再批改我的作文，我可以自行其是。奇怪，那时的老师何以就这般开明了？

考中学时，我还整天游泳、跳皮筋，在被窝里捏着手电筒彻夜阅读世界名著。晒得乌黑出油，近视加深了两百度。我不记得我为能否考得上什么样的中学伤过什么脑筋。

眼下这些“小皇帝”，虽然在家中倍享殊荣，但一举一动都在长辈的显微镜下被点滴不漏地观察、判断，然后被引导，甚至强制执行。我的家人严格管教我不许撒谎，要拾金不昧，衣裳整洁，谈吐礼貌，等等。在重大前途的选择时，却给我充分的自主权，我妈妈看了我的报考志愿单只是一笑了之。我在重点中学一栏连填两个“厦门一中”，在普通中学一栏里满满三个志愿都填了“厦门一中”，甚至在是否服从分配这一栏里，十分坚决地写上“不”。

我现在还认为是我的孤注一掷，感动了这所本市最铁石心肠的学校。因为作文我也许行（天啊，我从未考虑到不同的改卷教师可能给我的威胁），基础知识不见得扎实，数学更不妙，只是凭着小聪明蒙混过关。今天的我，已退步到三位数以上就弄不清楚。我是五年级开始上英语课的，不费吹灰之力，其优势一直保持到中学时代。可惜中考并不考英语，因为当时大部分小学不开英语课。

收到写着我的名字的第一封信，我马马虎虎看了一眼信封下方“厦门市第一中学”的红字，知道我被录取了，信也不拆就大呼小叫和同学踢毽子去。直到外婆疑惑地问我：人家都去报到了，你到底有没有考上？

这才满地寻找通知书。

· 我的处女作

跟现在的新生一样，还未开学就军训。住校，自带铺盖睡教室地板。半夜紧急集合。长途拉练、实弹射击什么的，我儿子军训也是这一套。对每一拨新生而言，却都同样刺激、慌乱，错误百出，回想起来却又快活无比。清早列队，我个子小，站第一排。还未“稍息”，我身子一歪，十分不优美地昏倒了。空腹产生的低血糖休克，继续伴随我到今天。这是中学时代的遗迹吗？老师和同学向我倾注的关爱是那么的慷慨。

新年伊始，我渴望报效班级，“士为知己者死”嘛。班主任号召给校报《万山红》投稿，熄灯以后，我躲到厕所炮制一首“五言诗”，蹑手蹑脚塞进投稿箱。开学后的第一期发表出来了，不知道算不算我的处女作。如果侥幸能算，我写诗的年限将因之提早了七八年。可惜写得太滥，又没有保存。

在我初一（一）班里，真是精英荟萃。从各个小学考上来的有两三个大队长、五六个班长，这种那种中队委员，小组长多如牛毛。另外不少是干部子弟，有市长的女儿、宣传部部长的儿子，等等。他们在班上完全享受不了任何特权，除了衣服更朴素一些。我立刻交了一个最美丽的女朋友叫红柑。红柑是归侨，鬈毛，桃颌，醉汪汪的大眼睛，长得比画上的还好看。她告诉我许多秘密，比如她家几个孩子都丑，妈妈怀她时，听了劝告，整天盯着月历牌的美人，她就长得跟月历牌的明星一模一样。这个故事是那样令我深信不疑，我怀孕时不知看了多少可爱小宝宝的照片，因为重女轻男，可能看多了女娃，以至于我儿子到了13岁，还有朋友问：这是你女儿吗？

我被任命为学习委员，跟小学的“官职”持平。大概还是我的作文考卷起作用，引起老师的错觉，以为我真的学习优异。而前大队长被降为平民，“文革”时那学生跳得最高，兴许与她入学时就怀才不遇有关？

· 崇拜班主任，乖乖女被招安

我和班上几个学习好的同学成立了秘密小分队，自称“雷锋小队”，给班级做好事。我十分江湖气地邀请了红柑参加，虽然她的成绩很令人担忧。据说当年中考的考场上，就有本校文艺队的老师探问她的名字。她多半是因惊人的美貌获得录取的，一进校理所当然是文艺队员。

我的这一徇私行为遭到一致的谴责，并当众立下以表决方式吸收新成员的规则。红柑终于和我们一起，瞒着老师、同学和家长，神秘兮兮地干起地下工作。放学以后，聚在一起，折小纸盒，分发到座位上，“请不要把铅笔屑扔地上”；凑钱给家庭困难的同学送笔记本和红领巾；写批评字条，如“昨天，你讲了粗话，请改正”；甚至某一个晚上我们集中三支手电筒（怕被值班的老师发现），群策群力出了一期精美的黑板报。其实我自己兼班级黑板报主编，原不需要这么鬼鬼祟祟避人耳目的。

放学后我们聚集在明浩同学家里。他家位于公园边，是一座林木葳蕤的小楼。明浩父母极通情达理，我们的碰头会渐渐演变成现在的“PARTY”。班长林朝才弹起吉他，我们喝着白开水，饥肠辘辘地尽情唱歌。同学们忽然发现我的嗓门太过霸道，挤得他们的声音剩下扁扁的一线。后来我在年段合唱团放开嗓子领唱，春风无限得意，又因为发育变声，在正式演出前夕被淘汰出局。要多悲伤有多悲伤，这是后话。

那一天晚上，乐极生悲，班主任来敲门，我们本能地钻到桌子底下。明浩去应门，老师点着名字，一个不落把我们从各个角落揪出来。可见他是掌握了情报的。老师批评我们的活动耽误了学习，比如红柑两门功课不及格。同学们便拿眼睛瞪我。老师又批评我们影响班级团结，我们确实收到班上半数以上同学的申请纸条，因不愿变成“雷锋大队”而停止补员。班主任苦口婆心，说我们小集团主义萌芽很危险，比如什么“裴多菲俱乐部”。我要替红柑抱不平，自作聪明地插嘴：裴多菲是著名匈牙利诗人，跟雷锋是两码事。

我们太崇拜班主任了，当然都乖乖地被“招安”。从此老师批准利用早操时间扫教室，安排放学后给军属挑水什么的。由于大人的参与，带有“官方色彩”，我觉得没劲就自动“退居二线”。

· 发誓绝不背叛旧班级，老师一脸苦恼

第七周时，忽然要把（一）、（二）班改成俄语班，原先学过英语的同学都分到其他班级。尽管我一一找遍班主任、年段长、教导主任，发誓我热爱俄罗斯文学，决心学好俄语，但是没用。我们几个不幸在小学时代学过英语的同学，包括班长林朝才都抽插到（五）班去了。

有很长时间，上课时我总像候鸟一样伸长脖子，悲伤地盯着走廊一头（一）班教室。“雷锋小队”留在（一）班的残部向我们告密说，缺少我们的照看，上课纪律乱糟糟的，又说大家如何怠慢到要班主任亲自擦黑板、抄每日功课表，等等。我们便一窝蜂席卷回去，训斥同学，朝才甚至用他精美的花体字抄了功课表。我去强迫红柑背课文，红柑心不在焉，给我看她的小背心和超短裙，并神秘兮兮告诉我，只要跟老师说是父母从印尼寄来的就没事，其实是她自己画了纸样，让奶奶缝制的。红柑读书半死不活，为人却善良豪爽。我曾经陪一个家境贫寒的女生上她家借钱上北京串联，她二话没说，把扑满摔了，竟有二十来块钱。小财主一个！

原来的班主任找我们谈话，要我们安心在新班级读书，不要老往旧班跑。我却宣称绝不背叛，使得老师一脸苦恼。朝才首先倒戈，并且劝说我在（五）班重建“雷锋分队”，我嗤之以鼻。他又说，我们再闹，原来的班主任有麻烦。他的消息果真灵通。第一学期结束后，那位老师被调到远郊去了。朝才说，老师犯了“母爱”教育错误。

我对新班主任充满了抵触情绪。虽然保留了我的学习委员职务，但人家嫡系还有一个学习委员，是男生，脑瓜倒是绝顶聪明，做起数学题像魔术师抛鸡蛋，我看起来头昏脑涨，他却驾轻就熟。两雄不能并立，我这学习委员当得没滋味，名存实亡矣。

· 才十三岁就有了思想?

第二学期我好歹保住了英语课代表，每天在早读课领读英语。这个“官职”类似我现在的政协委员，在班委会里是没有席位的，而且我老跟英语老师过不去。初二上学期给我委任了个专职黑板报主编。我也曾新官上任三把火，独自又编又写，还照着《安徒生童话》临摹了一条优雅稚气的美人鱼。黑板报前围了不少赞赏的老师同学，我很有成就感，浑身都是彩色粉笔灰。天太黑了，我决定收工，可美人鱼的尾巴还没长出来。第二天我对黑板报彻底失去了兴趣，这条日见暗淡的美人鱼伴随我们整整一个学期，终于没等到她长出尾巴。

我在班级地位每况愈下，还因为政治气氛开始在校园加温。我的家庭成分和自由散漫作风，尖刻与不驯，原先使老师头疼的诸多缺点，被上纲为“小资产阶级思想”。哇，才十三岁，我就有了“思想”！

我曾在初一时参加全校的作文比赛，获一等奖。同学们的欢呼声还未平息，我在接下来学年考试中，作文却得了四十九分，作为“小资产阶级情调”的典型在整个年段批判。从此我不再把作文写得眉飞色舞，而是应付了事，绝不写满一张稿纸。老师的批语千篇一律是“语言通顺流利，缺乏中心思想”。

忽然我又没有“思想”了。

· 悲恸岂是给人看的！

班委会开始整风。我似乎连小队长都不是，却要我这个前主编参加。那天我得了通知，抱着刚发下来的英语考卷（这次我连附加题共得了一百二十分），站在二楼，往下望着盛开的木棉树下打开笔记本围成一圈的同学，体会到我父亲被打成“右派”之前的“死猪不怕开水烫”的无助和自暴自弃。

整风刚以班长林朝才的自我检讨开始，就以“学生中只有人民内部矛盾”被制止。我侥幸逃过一劫。朝才在一个月后死于罕见的伤寒病，女同学为他在教室抱头痛哭，唯我漠然收拾书包回家。有女生传话，用生物课刚学到的“冷血”两个字戳我。

我淡淡地回敬：悲恸岂是给人看的？

我连续经历了父亲的放逐，家庭的离异，寄人篱下的自卑，加上心比天高的失落，不知不觉养肥了忧郁这条蛀心虫。但我还是躲在路灯后，为我这多才多艺的同窗，抽抽搭搭流了一阵眼泪。毕竟死亡猝不及防的侵袭，造成生命这一黑洞，是一个十三岁少年所无法抗拒的。

我的疏离感还表现在，全班都已递交了入团申请书，唯我没有动静，损害了班级纪录。团小组长邀我到后山谈心，那时叫作“做思想工作”。油盐不进的我，振振有词地辩解，说什么“自己觉得还不够申请条件，今后定努力争取”等套话。反过来还安慰她：入不了团还可以当个优秀学生。不是吗？她的学习可不怎么样。

她气哭了，但姿态很高，说恨只恨自己口才不好，没有做好工作。她的那伙积极分子，用今天的话说，她的追“星”族都瞪着我，恨不得把我吃了。团小组长是一个正直而且坚毅的女孩子，她向校方要求减少社会活动，发奋读书，成绩果然扶摇直上。每件事她都全力以赴，不像我，能坐不站，能躺就不坐。甚嚣尘上，我总是离得远远的。

· 拒绝任何考试

我的中学时代是以大字报、红袖章、游街和名不符实的复课闹革命结束的。而虽然初中二年级都没有上完，却打发我一张六七届初中毕业证书。它跟当年的录取通知书一样，第二天就找不着了。

它意味着我的大学梦彻底破灭。从那以后我决心不回到任何课堂上，不参加任何考试，包括后来的成人高考、作家班和考职称。

每次填表格时（天知道我们一生要填多少份表格，肯定比情书还多），“文化水平”这一栏，我总是自豪地写上：初中毕业。（其实只有两年哪！）

对于我，足够了。

1999年

（录自《舒婷散文》，长江文艺出版社，2012年版）

“常为新的”学校

——“文革”前北京景山学校教改实验琐忆

夏晓虹

我现在服务的北京大学，曾经得鲁迅先生褒扬，其中一句说的是，“北大是常为新的，改进的运动的先锋”（《我观北大》）。这很让北大人自豪。至于今日北大是否还配得上此评，见仁见智，颇有争议。这里不必细说。最近想到鲁迅先生此言，尤其是“常为新的”四字，却与北大无关，乃是因为北京景山学校明年将迎来五十周年校庆，编印纪念文集的征稿正在热烈进行中。我的联想即是由当年经历的教改实验引起。

进入景山学校是在1960年秋天。和一般就近入学的小学不同，经过一番认真的考试，我才被录取进来。当初就知道，这是所九年一贯制的实验学校；后来学制改为十年，小学、中学各半。虽然到1966年“文革”前，校内确实有九年级，但论资排辈，真正的实验班还是从我们这一年开始。只不过，在我们这批学童入读前，当年春季已开始试验招生。所以，这些比我们高半级的学生，才是景山学校老资格的开门弟子。而为了相互区别，我们和他们之间一直轮换使用着上、下的年级号。“文革”开始那年，我们是六下，他们是七上，大家终于都没有读满一贯制全程。

刚入学时，首先要学认字。对于学校采用“形声字归类”的“集中识字法”教学，已经没什么印象了，因为那时年龄太小，不懂这些，只是记得比其他学校的同龄人认字多而且快。学校的古文教育也起步较早，大概三年级开始，已在使用《儿童学诗》《儿童学文言文》一类教材。四五年级的时候，我已经在看《水浒传》与《三国演义》。

当时北京的小学基本都是半天上课，半天小组自习。景山学校却是少见的全日制，只有周六的课程中午即结束。一年级起，已经开设英语课。少年时代，我的短期记忆特别好，考试前的临时突击复习，每见奇效。那时，从家里到学校要换两次车，也算得路途遥远；加上中午有两个钟头的休息时间，除往返父母单位食堂吃饭外，还有余暇可供利用。所以，学了五六年外语，家人始终没听我念过英文。因为通常应该回家做的作业，我一般都抽空在学校写完了。至于记单词、背课文，也全都可以在路上、车中解决。

说到中、英文齐头并进，这在当年全国的小学中即使不是独一份，相信也极为罕见。课程的安排上自然仍以中文学习为主，英语主要是打下了正确发音、熟练使用国际音标拼读单词的基础，并具有了一定的词汇量。由于自己在外语上不够用功，满足于“临时抱佛脚”式的应付，至今仍愧对当年辛苦教育我们的房贵荣、方碧辉等老师。不过，即使如此不成才，这段外语“童子功”的经历还是很让我自豪。

大学时代，因为英语课安排在晚间，我偷懒不想去，报了个慢班。第一次上课，ABCD读得太过流畅，老师听出我有根底，故特许我今后可以不上课，只参加考试即可。不仅混过了本科考试，在读研究生阶段，居然也一举“免修”过关。甚至当时在电视中最早教授英语的外文局英国专家彭文兰，那时在北大做旁听生，与我相熟，听过我“偶尔露峥嵘”的三两句英语，竟也很赞赏我的纯正“伦敦音”。由此我才知道，小学时代在景山学校习得的英文，还是如同阳春白雪般的高级正音。

相比外语，我对语文课的教学记忆更深刻。在课堂上，赵颖君老师曾讲授过《纪昌学射》一文。解说时，赵老师也随手在黑板上写了一些“关键词”，我都逐一记下。接下来的作文，是要求把这篇古文改写成白话。利用这些记录下来的词语，我很快完成了作业。而在全校的作文评比中，此文意外地获得了最高等级的“红杏奖”（自宋诗“一枝红杏出墙来”取义），后来还荣幸地被编入学校的优秀作文选中。上大学后，我的一位同窗好友，母亲是北京一所小学的教师，她说早就知道我的名字，来源即是那本景山学校作文选。当年此选本曾在北京中小学广为流传，使景山学校的教育改革在更大范围内得到了回应。至于本人的那篇作文，成功的诀窍还在将老师使用过的词语全部穿插进来，实际是复原了赵老师讲解的现场，倒没有多少创造性。大约在老师们看来，三四年级的学生能够妥帖地运用这些成语，已经很不容易。

我在语文老师的眼中，最拿手的还是写评论性文字。发现自己的这一“特长”，是从一次期末作文考试开始的。1963年，京剧《红灯记》的前身、电影《自有后来人》上映，当时大为轰动。我写的观后感得了高分，很得老师夸奖，我也自以为在此道颇具潜力。因此私下报名参加过景山公园少年宫组织的书评征文比赛，不幸的是，那次的结果并不美妙。

不过，我在学校里还是保持着善写评论的好名声。四五年级的时候，学校进行过学生自主学习的教学改革，语文课也有开放时段。逢到这些课时，我们自己读书，书目自由选择，也可征求老师的意见，读后则须写下感想。任课老师也手持一卷，斜对同学，坐在讲台一侧的课桌前阅读。学生如发生问题，即可走上前去，向老师提问。我因为当时正喜欢中华书局编辑出版的“中国历史小丛书”，于是选了一本《李贽》，似懂非懂地读起来，也曾经装模作样地向赵老师当堂请教过。而我那篇不打草稿、直接写在横格练习本上的《李贽》一书读后感，竟然博得了老师们的一致赞赏，在全年级各班作为范文被反复宣读过，算是小出了一回名。其实，以我那时的知识水准，本无法真正理解李贽的思想。读书笔记中的幼稚，应该显而易见。老师们不计较，还是看重我敢于把这么难懂的读物当作练习材料吧。

大约1965年秋，学校又发起了“立下愚公志，登上作文山”的语文教改活动。在这两句张挂在楼道中的醒目大字口号之下，墙壁上贴满了挑选出的学生作文。那时学习的范文中，以杨朔、刘白羽的抒情散文为主。对于小学生来说，抒情很难模仿；若移步换形成浮想联翩，倒是易于上手。一时之间，畅想曲便成为我们作文写作的流行套路。记得风头最健的是五年级的陈小眉，她的几篇作文都在各班传阅过。我最佩服她的也是想象力丰沛，一篇记述邓小平“六一”儿童节到景山公园观看学生合唱演出的《青松颂》，以十几、二十个“青松！青松！！”打头的排比句连缀成篇，气势排山倒海，令人至今难忘。前几年在美国加州大学戴维斯校区见到小眉，她还兴致勃勃地拿出很多景山学校时期的老照片，显然，那段时光已经成为她最珍贵的一段人生经历。她的美国丈夫听说我和小眉是小学校友，也不由高看我一眼，因为在他心目中，景山学校是全中国最好的学校。这个印象自然是小眉平日的言谈灌输造成的。

虽然在作文上略有成就感，但在景山学校读书期间，我的最长项实在数学。每年举行的“百题赛”（以交卷时间先后及正确率决定名次）以及各班派代表参加的“智力竞赛”，我都是当然的参加者，也屡屡中奖。那时的奖品不过是个简陋的、向上打开的白报纸本，第一页写着获奖名目与名次，我却十分珍惜，当作荣誉收藏起来，并不使用。最终，这些证明我“辉煌业绩”的练习本集体失踪，原来是被我哥哥偷偷用掉了。显然，在他看来，这些本子的正当用途就是拿来写字。

数学课同样也有过自学为主的尝试，那对我来说，真是一段快乐的时光。语文课上规定的写作还是有相当压力，而独自阅读算术教材、演算习题，却完全是一种智力的愉悦与享受。很快学完本学期的课本，无所事事时，马奇仲老师也允许我自由活动。于是，上课时间，我可以看别的书，或者以帮助其他同学解题的名义，在教室里游走。大概这次的改革试验过于理想化，并不适合大多数学生，约莫持续一个来月便中止了。在剩下的学期里，我又被固定在自己的座位上，重复学习那些已经提前修习过的课程。

以激发学生自主学习能力为目标的数学教改或许并不成功，给予我的影响却很大。日后在东北插队时，津津有味地自修代数、平面几何与立体几何；1975年冬，回京等待分配工作期间，以学习《微积分初步》打发日子；1977年高考前，临阵磨枪，复习已学各科目并自习解析几何；凡此，早年自主学习的经验都潜在地发挥了效应。

后来我之选择以古代文学研究为专业，固然与景山学校文言文训练打下的基础有关，而有幸被北大中文系录取，其间数学考试的分数却相当关键。不过，进入中文行当，离数字是越来越远了。每每向丈夫吹嘘我少年时代的“数学天才”，见惯我简单的加减也常常出错的他自是不信。终于有一天，彭文兰请客，我的父母与父亲的老同事萧乾一同被邀。席间，萧先生向我父亲打听“你那个数学最好的女儿现在在做什么”时，在场的丈夫才相信我没有夸张。他后来的说法于是相应地修正为：晓虹的数学很好，但算术很糟。

没有顺理成章地成为数学家，却走入了文史研究之门，不知是否有违当年老师们的期望。而无论如何选择，我对景山学校都永远保留着一份最深的感激。在这个学校最有生机与活力的年代，我开始了自己的求学生涯。这些“常为新的”教改实验，奠定了我生命的底色，也导引了我后来的发展路向。“千里之行，始于足下。”在人生的起步阶段，能够与最好的学校相遇，这是我一生的福分。

2009年6月28日于京西圆明园花园

（原载2009年7月15日《文汇报》）

我的中学时代

来新夏

中学时代是大多数青少年必经之路。凡是经过这段路程的人，都感到这是人生中最珍贵而美好的经历。因为有许多值得回忆和追念的事务，令人神往，但也因在自己尚未感觉到的青春萌动期曾干了不少可笑、讨厌、调皮、捣蛋的事情，让人操心，甚至无时无刻不牵动着父母和老师的心。我的中学时代是永远难以忘却的一段人生历程。1937年7月，我在究真中学刚读完初中一年级，7月29日天津就被日寇狂轰滥炸沦陷。我和全家只能离别多年栖息的旧居，随着难民的人流，在日寇机枪扫射下，前拥后挤地流进意租界，投奔亲友，托庇于另一个帝国主义。因为不能长期在亲友家住，于是又在法租界三十七号路一所货栈的二楼安身，我也就在附近一所当时颇有名气的中学——旅津广东中学插班初中二年级。从此直到高中毕业，我一直苟安在这所中学。旅津广东中学地处现在滨江道西头北侧，是只有一座楼、一个院子的马路中学。虽然校舍简单，但它在当时却是一所教学水平高、抗日意识强的著名中学，青年学子多向往之。我有幸进入该校，完成我最珍贵的中学时代。

旅津广东中学的最大特色，是师资力量强。至今几十年，老师们的名字和教学身影仍然清晰地记得：教代数的尹建常老师、教三角的聂子青老师、教几何的王恒安老师、教历史的贾羽熙老师、教物理的王牧之老师、教化学的余瑞徵老师、教国文的任镜涵老师和谢国捷老师、教英文的李栋才老师，等等。他们都是学识丰富，教学各具特色的名师。解放后，谢国捷、聂子青老师都在河北大学中文系、数学系任教授，赫赫有名。余瑞徵老师还担任过市政协副主席。我和谢国捷老师一直保持着数十年的师生交往，直到他的逝世。老师们真正做到谆谆善诱倾囊相授的境地。无论课内课外，都是尽心竭力地教导。他们从不接受学生的馈赠，即使一支笔、一个本都不沾。有一次，尹老师借用我一支铅笔，下课时，夹在书内，忘记还给我。下午，他没课但特意到班上来还给我。谢国捷老师家富藏书，他允许我去他家读书，并不时向我讲述治学之道。我的第一篇学术论文《汉唐改元释例》就是在谢老师指导下完成的。老师们的言教、身教，奠定我一生做人、治学的基础，我衷心感谢老师们的教诲。

校长罗光道是一位著名的抗日人士，在学生中享有极高的威信。他尽全力为学校的建设奔走筹划，他礼聘著名大学的优秀毕业生到校任教。他筹建化学实验室等，供学生实习，为当时中学所稀见。他聘请著名学者到校讲学，如高步瀛先生是辅仁大学教授、古典文学专家。听他的讲学，让我初窥学术境界。他爱护学生不遗余力，有一次傍晚，法租界巡捕房应日方要求，搜查我所住的货栈。这个货栈住有若干年轻单身汉。当时被抓的约二十来人，有广东中学、新学中学等校学生和社会流动人员，我也在其中。囚禁在巡捕房的看守所内，逐一进行按指纹，照正侧面相片，录口供，然后关押进牢房，不发伙食，枯坐了一夜。第二天早晨，罗校长约同新学中学的两位英国校董，把我们四个学生保释出去。罗校长和我单独谈话，宽慰我，认为发泄反日言论是自然而然，无可非议的，但也嘱咐我要注意安全，不要张扬。罗校长不限制学生的反日、抗日情绪，不追问班上传阅的油印抗日小报，等等。

虽然有许多值得回忆的往事，但也不能忘记当年那些幼稚无知的行为。那就是常常以一颗并非邪恶的心，做了不少至今想来犹令人惭愧和追悔的错事，我们针对老师身体的残缺和怪异的习惯而为其研究一绰号，如秃顶称“电灯泡”、走路八字脚称“鸭子妈妈”、脸庞圆圆胖胖称“老白薯”、遇人总板脸称“钟楼怪人”等等。或者用种种恶作剧的手段戏弄老师。如教几何的王老师年近六旬，走路一拐一拐。上课前，我们把粉笔盒内粉笔藏起来，王老师一看都是粉笔末和粉笔头，又回休息室去取粉笔，来回跛着脚，耗费掉几分钟。既让我们多几分钟乱哄哄，又能欣赏王老师的走路姿态，让我们窃笑。一群缺乏同情心的无知少年，自以为得计，实则犯下了终身难以回赎的错误。当我们长大成人，我们每当想起这些无聊恶行时，常常会自责：怎么会如此残忍地对待浇灌自己成长的园丁呢？我虽已是望九之年，但我依然愧对吾师，请老师们宽恕！我永远爱我的老师，爱我的母校——旅津广东中学。

（原载2011年1月26日《中老年时报》）

我的小学生活

文洁若

1933年9月，我考入孔德学校小学部一年级。这是一座十年一贯制的学校。小学部分初小三年，高小三年。中学部为初中三年，高中一年。高中二、三年级，可以在中法大学附属中学完成。校名源于法国实证主义哲学家奥古斯特·孔德（1798—1857）。该校是当时北京大学的实验学校，大名鼎鼎的教育家蔡元培于1916年任北京大学校长，兼任孔德学校校长。在五四运动的影响下，该校具有浓烈的自由民主气氛，栽培了不少人物。1937年卢沟桥一声炮响，北平沦陷，但凡有办法的人都携家带口到大后方去了，孔德学校从此一蹶不振。

孔德的校舍最初位于东城的方巾巷，先后搬迁到承侯大院、北河沿。我上学时，已搬进东华门大街宗人府。在蔡元培的“思想自由，兼容并包”的治学方针下，孔德学校办得有声有色。当时的中学一概男女分校，孔德学校却开风气之先，是男女合校，并附幼稚园。自高小一年级起，还学法文。我是听着孔德学校的一批批学生的名字长大的，我的四个姐姐（桂新、树新、棣新、槿新）和堂姐和新，都在孔德读书。在我之后，又有两个弟弟（学朴、学概），统共八个。吴景洲的八个子女也都被送进该校。吴祖光和我大姐文桂新同班，吴皋和我二姐文树新同班，吴祖强和我同班。我入学时，大姐、二姐已到位于东单三条胡同西口的圣心学校攻读英文、法文去了。我二姐经常让我当邮递员，把她写给吴祖强三姐吴皋的信交给我。我一句话也不说，将信往吴祖强的课桌上一放，扭头就走。他也照样行事。六岁时，他已弹得一手好钢琴，每次上音乐课，从日本留学回来的音乐老师陶虞孙就叫吴祖强弹琴伴奏，这样，她就可以专心致志地教导学生们唱歌了。姐姐们在不谙日语的情况下，竟学会了用日语演唱《伏尔加船夫曲》。孔德学校还定期出版《孔德校刊》，把优秀的作文刊在上面，那成了我的课外读物。

钱玄同之子、中国原子弹之父钱三强以及美国飞虎将军陈纳德的夫人陈香梅小时候曾在孔德读过书。鲁迅二弟周作人的儿子丰一，女儿静子、若子；三弟周建人的儿子丰二、丰三，女儿鞠子，也都是孔德的学生。

钱稻孙是钱玄同的侄子，二人同龄。钱稻孙的五男五女都在孔德读书。二儿子钱端义跟我弟弟在新华社共事。1958年11月至1966年6月，在人民文学出版社副社长楼适夷的直接领导下，我在外文部亚非拉组抓日本文学这一摊。迄今我写的散文中最引人注目、影响最大的是《晚年的周作人》和《我所知道的钱稻孙》。对我来说，尽管周作人、钱稻孙在政治上栽过跟头，却依然是姐姐们的同学之父。我以平和、诚恳的态度与这两位文化老人打了将近八年的交道，为出版社存下了几本质量极高的译稿，成绩斐然。

1934年春，二姐赴上海（次年客死异乡）。同年7月，在我国驻日使馆任职的父亲回北平，把母亲和六个子女接到东京去受教育。大姐和三姐入圣心学校，四姐和我入麻布小学，两个弟弟进附属幼稚园。大弟弟的老师叫海卓子，父亲曾请她到家来，教我母亲和大姐、三姐日语。父亲还为四姐、我和大弟聘请了一位家庭教师，每晚到我们家来实习两小时功课。他十分敬业，和蔼可亲，一边推开客厅的门进来，一边用蹩脚的中文自问自答“你姓什么？我姓今野”。学校留的家庭作业不多，有半个钟头他就看完了，随后就给我们讲故事。《天方夜谭》《悲惨世界》《爱丽斯梦游奇境》……他讲得娓娓动听，把我们引进神奇世界。

日本的学校分三个学期，4月1日开学，7月放暑假，这是第一学期；9月1日至12月为第二学期；寒假较短，元旦后进入第三学期，3月底结束。1935年2月的一天下了大雪，音乐老师说：“老师昨夜祷告到天明，巴望今儿个下雪，好教大家唱《雪之歌》。”老师的热诚感动了全班同学，大家边望着窗外的雪白世界边唱，格外投入。

1936年2月26日，又下了大雪，拂晓东京发生了震撼全世界的“二二六”事件。这是极右分子操纵的一场武装暴动。藏相高桥是清等被杀害。这一天学校停课。我们围着收音机坐在榻榻米上听广播。从父亲严峻的神态中，我觉察出事态严重。由于军阀集团内讧，政变未能得逞。但其后执政的广田内阁更为反动，标志着日本进一步法西斯化。弱国无外交，我国驻日大使馆的日子也不好过。当年7月，我们举家回北平。大姐、三姐入了交道口的崇慈女中，两个弟弟入崇实小学。四姐和我进的是位于东单头条的北京日本小学校。校舍是二层楼房，操场太小，学生们经常到学校对面的树林子里去上体操课。我还看到过“叫化鸡”的残痕。无业游民不知从哪里弄到了一只活鸡，用泥巴糊起，在树根上架起火烤熟。我目睹的是满地鸡毛和泥片、灰烬。小学校的西侧是平安电影院。改革开放后，这一带被开辟为东方广场。我进小学三年级时，四姐上五年级，六年级也有一个中国女生，成绩出类拔萃。二十世纪六十年代，我问过钱稻孙这位姓钱的女生跟他有关系否。他当即说，她是钱玄同的女儿。可惜我现在已把她的名字忘记了。只记得她代表毕业班会全体学生用流利的日语致辞。我四姐不但功课好，还有一副金嗓子。她上五年级时，位于金鱼胡同东口的女子青年会举办了一次“国际儿童演唱会”。所谓国际，其实只有五国。在干面胡同的美国学校，东单三条的法国学校（即圣心学校），德国学校，中国学校以及日本学校。日本小学提供的节目是舞蹈《沙漠里的公主》，由我四姐伴唱。她嗓音嘹亮，为母校赢得了冠军。可惜裁判并不知道代表日本小学获奖的是一个中国女孩儿。日后她还学会了弹钢琴和作曲。

1937年7月北平沦陷。日本人从东三省（九一八事变后沦为“满洲国”）以及日本列岛涌向北平。日本小学校的校舍容纳不下这么多学生，我念六年级时，搬到东单以北校尉营的新校舍去。这是一座四进的四合院，还新建了一栋神社，每逢节日，就在那里举行仪式。1962年，我陪萧乾到中央美院的宿舍去拜访黄永玉、张梅溪伉俪，这才发现，那栋黑白相间的建筑仍在。随着改革开放的浪潮，校尉营一带矗立起高楼大厦。有一次我到协和医院去看病，归途想抄近路，转悠了半天才穿行到王府井大街。

在日本小学念了六年书，给我影响最大的是五年级的班主任筱原老师。校长介绍说，他已取得教中学的资格，却情愿在小学任教。语言课本里有《源氏物语》第五帖《若紫》的口语译文。他兴致勃勃地大讲日本十一世纪的宫廷生活。诸如乌黑的长发披肩、身穿白色浴衣的贵妇，傍晚乘牛车到河里去洗澡，宛如天女下凡。作者紫式部是平安朝宫女，自幼聪明绝伦。她十岁时，父亲教长子《史记》，怎样也背不下来。坐在一旁倾听的小妹却倒背如流。父亲遗憾地说：“哎呀，你要是个男孩子就好啦。”正因为紫式部是个女孩子，她才得以用当时的通俗语言写成这部世界名著。

1937年7月至1940年3月，我是在沦陷了的北平就读于日本小学校的。我时时刻刻意识到周围的同学是侵略者的后代。小学六年级时，全校师生到清华园去慰问日本伤兵。我刚懂事，就听说了西郊有一座清华学堂。我父亲行二，有三个异母同父的弟弟。五弟宗澧生于1901年，当时祖父已五十七岁。辛亥革命后，在山西当县官的祖父携家带口到北京颐养天年。1915年，宗澧考上了清华学堂，与梁思成是同学。这个前县官的老儿子总和出身显赫的梁思成攀比，无心读书，竟辍学到青岛海关挣钱去了。未几，患上肺病，在祖父购置的府学胡同东北方桃条胡同的四合院里养病至二十年代初，撒手人寰。

1939年7月的那一天，十二岁的我，站在被日寇辟为野战医院、遭到野蛮破坏的清华校园里，暗自做着强国梦。

1940年3月，我毕业于日本小学。1946年，抗战胜利后的第二年，我如愿地考上了清华大学外国语文学系。

2010年8月24日

（录自《澜沧江畔一对菩提树》，新世界出版社，2014年版）

我的中学生活

文洁若

1940年4月1日，我入圣心学校，攻读英文。圣心学校分布于全世界各国。天主教圣方济各修会除了传统的传教工作外，还积极从事国外布道工作，并在教育与学术研究方面有所建树。圣心会是天主教女修会，1800年由修女巴拉创立于法国，以开办培养富有人家出身的年轻女子的学校闻名。巴拉死于1865年，当时圣心会已由法国发展到欧洲十一国以及阿尔及利亚和南北欧洲。

坐落在北平王府井大街东单三条西口的圣心学校，学制为十年一贯制，分英文班和法文班。它好歹维持到1966年，最后几年，由于学生招不够，剩下的八个修女经营了一家托儿所，专门收外国孩子。“文革”中，她们被驱逐出境。如今，那座巍峨矗立的三层教学楼房已荡然无存。

严复的大孙女严绮云是该校有史以来的高才生，备受修女们的器重。三十年代末萧乾在香港结识的四川姑娘卢雪妮，在圣心学校攻读过好几年，她的法文和钢琴就是在那儿学会的。三十年代以来，我的四个姐姐先后在圣心学校念过书。我赶上了末班车。三四年级时教我的艾玛嬷嬷是我的恩师。1941年，圣心会的总会长到北平的圣心学校视察，注意到我写的一篇英文作文，题目叫《一个故事》，予以夸奖。艾玛嬷嬷作为我的级任老师，觉得脸上光彩，常常单独跟我聊天。四年级的课本中有美国作家华盛顿·欧文的短篇小说《瑞普·凡·温克尔》，艾玛嬷嬷告诉我，爱尔兰作家詹姆斯·乔伊斯的代表作《尤利西斯》中就不止一次出现过这个人物。这位修女的知识面相当广，有一副圆润清亮的歌喉，入修女院之前，想必相当活跃。

我在圣心读了一年零九个月，连跳两级，每月评奖，上台领奖的总是我。那些读母语的金发碧眼的同学，个个娇生惯养，松松垮垮。1941年底，我以优异的成绩读完了四年级，但家中再也无法供我在圣心念下去了，它的学费比一般学校贵一倍。我并未气馁，在家自修初一、初二的功课，还自订读书计划，尽情阅读《红楼梦》《三国演义》《水浒传》《西游记》等名著，背诵《孔雀东南飞》《长恨歌》《琵琶行》《秦妇吟》等长诗。

1939年至1949年间，我们兄弟姐妹中一直有一个至五个在辅仁读书。我辍学时，大姐是辅仁大学西语系毕业班的学生，后来成为台湾女作家的张秀亚是她的同学。三姐读完二年级就患了足疾，暑假后架着双拐数月，没参加期末考试就卧床不起。

我和四姐住三间东厢房，该房两明一暗，两间明的打通了，是客厅兼饭厅，但早已开不出像样的饭了。父亲经常到东安市场的旧书店去出售他的藏书。我们把缝纫机、收音机、留声机等都卖掉，最后连房契也抵押出去。大姐大学毕业后，托她孔德学校时的老同学周鞠子（她是周建人之女，当时和两个弟弟跟着母亲，与二伯父周作人生活在一起）向周作人说项，在北京大学日语系当上了系主任徐祖正的秘书。大姐是个很好的带头人，对弟弟妹妹的影响是不可估量的。

这时前院和两个后院都租出去了。母亲带着大姐、三姐住西院的三间北房，弟弟们则睡在与父亲那间卧房兼书房相连的套间里。母亲精心栽培的白丁香和黄刺玫各两棵，枝叶婆娑，遮没了中院的一半，另一半是枣树和藤萝架。西院种的是紫丁香和葡萄架，以及一棵松树。她还在巨钵里培植了一棵一米多高的桂花树，幽香袭人，冬季必须搬进屋。

1942年9月，我插班进入辅仁大学附属中学女校初三，次年考入高中，1930年萧乾进辅仁大学时，那是新由天主教美国圣本会办起的私立大学。没过几年，由于纪律松弛，由德国圣神会接管，还分别在东官房和太平仓创立了附属中学男校和女校。新中国成立后，男校易名十三中，女校易名一五六中。由于日本帝国主义者与德国纳粹狼狈为奸，德国教会也沾了光，北平沦陷期间伪教育局没怎么插手辅仁的教务。例如，教育局规定每周上五堂日语、两堂英语，而实际上教五堂英语、两堂日语。师生之间有默契，如果查学的来了，立即调换课本。查学的确实来过几次，但只在教务处坐坐，从未进教室来查问过。我的两种外语都起了作用。每逢交英文作文，全班五十个同学中，至少有三十几个请我预先替她们改一遍，重抄后再交上去。老师允许我利用上日语的两个小时，去向一位德国修女学德文。考试时，我给大家递小条，保证人人得满分。那位教日语的男老师干脆到走廊里抽烟去了。他本来也是混口饭吃，觉得教敌国的语言没志气。

我读小学时，算术一向是班上最好的，从来没出过错。由于没有读初一、初二，初三的代数和高中的几何、三角，就都成了难题。亏得我遇上特级教师王明夏。她从来没为我单独补习过，甚至没跟我说过话，但她教数学的本领确实了不起。不知不觉间，我就开了窍。记得考清华时，五道数学题，我答对了四道半，只有半道有点差错，自己估计考了九十五分。我从《华夏妇女名人词典》（华夏出版社1988年版）中得悉，王明夏老师生于1905年，是湖南浏阳人，1934年毕业于北京师范大学数学系。除了辅仁，还在河北省高级中学、北京师范大学附属女子中学、北京师范大学实验中学教过数学，并被北京师范大学数学系聘为讲师。她是中国共产党党员，学风严谨，教学水平和教学艺术是全国中学数学教师的典范。可惜当我于1988年了解到王明夏老师的光辉事迹时，她已作古十五年了。

我三姐常韦于1936年回国后，在崇慈女中念初三，次年考进辅仁女中的高中部，不但应付自如，而且成为教英语、化学等课程的美国修女艾琳的得意门生。她将原著借给我三姐，并且破例准许她一个人用英文答卷子。因为三姐学习成绩优异，1939年从附属女中被免试保送到辅仁大学西语系。我还在小学和圣心读书时，三姐就常带我在星期日上午到太平仓去望弥撒，每次她都跟艾琳修女聊上一通。圣诞节晚会的节目也由艾琳修女导演，她还让我扮演过小天使，三姐则身着白色纱衫，用英文朗诵《平安夜》。这是姊妹俩唯一的一次同台演出。1941年6月，三姐扭伤了脚脖子，不得不中断学业。

我于1942年9月入辅仁女中念初三后，由艾琳修女教英语，然而当年11月，她就连同在辅仁大学女校任教的另外两位美国修女（杰玛和玛格丽特），被侵华日军押送到山东潍坊的一座日军关押美英等国侨民的集中营囚禁起来，日本投降后才获得释放，我上高三时，她教了我一年。我们听说，这三位修女在集中营里为老人和孩子做了大量的工作，她们的献身精神使大家深深感动。1948年12月，她们返回美国。艾琳修女到大学化学系去深造，随后在一座天主教中学教化学。

国语老师张先生，经常对我们进行爱国主义教育。教历史、地理的郭先生，每次慷慨激昂地讲到从1840年的鸦片战争起，一百多年来被侵略的历史，同学们都充满爱国主义热情。辅仁大学附属中学女校之所以能够聘请到这样一些优秀教师，是因为辅仁大学由德国天主教圣神会掌管。1935年来华的罗马宗座驻华代表蔡宁红衣大主教是意大利人。1936年担任辅仁校务长的雷冕神父是德国人。后来德、意、日成为轴心国，辅仁大学就成了沦陷区北平教育界的一方偏安之地。校长是德高望重的陈垣（1880—1971），培养了不少人才，如王光英、王光美。念完高二的暑假，1945年8月15日，日本宣布无条件投降。1946年7月高中毕业，9月，我考上了清华大学外国语文学系。步入晚年，我由衷地感谢那些教导过我的恩师。他们告诉我，要做个有骨气、有志向的中国人，一个堂堂正正的人。

2012年9月18日

（录自《澜沧江畔一对菩提树》，新世界出版社，2014年版）

五十年间似反掌

莫砺锋

我在萧瑟秋风中走进苏州中学的大门，五十年前的往事浮上心头。那是1968年11月的一天，我背着铺盖卷走出母校大门，奔赴农村，当时母校名叫“苏州高级中学”，简称“苏高中”。由于“停课闹革命”，两年来校园里不再有琅琅书声，而是喧嚣着从高音喇叭里传来的革命口号，甚至操场上都因人迹罕至而荒草离离。我们这些本该在1966年毕业的高中生，以及后面两个年级的同学们，一夜之间都变成了“老三届”，进而变成“上山下乡知识青年”，各奔东西。我至今难忘当时的情景：我走出校门，回头朝“立达楼”望了一眼。想起五年前初进校门看到这座实验大楼时的兴奋心情，黯然销魂。苏高中！这曾是我扯起理想风帆的地方。记得高一时华罗庚先生来校讲学，我一连兴奋了好几天。那天华先生讲的内容并不深奥，像蜂巢为何是六角形等例子，我都能听懂。但我目不转睛地望着华先生，竟然时时走神。我自幼在一个江边小镇读小学、初中，只能从书本上瞻仰科学家的相片。如今竟有一位著名数学家出现在几米距离之内，如何按捺得住激动的心情。看来“进了苏高中，一只脚就踏进了大学”的传说确非虚言，我距离朝思暮想的清华园是越来越近了！没想到三年以后，我们刚填好高考志愿草表，就传来了“废除高考”的晴天霹雳。我的理想终于在苏高中的校园里彻底埋葬了。

更使我至今难忘的是另一幅情景：经过两年多的革命岁月，苏高中的学生四分五裂。许多同学分属互相敌对的派别，不但“观点”形若水火，而且发生过真刀真枪的武斗。有些“黑五类”子弟因无法参加“红卫兵”而成为“逍遥派”，也因受到“红五类”的欺侮而与他们形同路人。到了1968年秋天，除了少数几个入伍当兵的同学外，大家都被军宣队派定了“上山下乡”的去处，不管你是“红五类”还是“黑五类”，谁也没能逃脱下乡种地的命运。尽管已经“同是天涯沦落人”，我对某些曾写大字报恶毒咒骂“黑五类”的父母的同学仍然心怀怨恨，我与他们同时背着铺盖走出校门，却互不理睬，仿佛素昧生平，压根没有同窗五年的经历。

当时苏高中的招生范围是整个“苏州专区”，学生来自苏州市和吴县、昆山、常熟、江阴、太仓、无锡、沙洲、吴江等县，我们高三五班的生源最为散漫，全班四十五个同学的家庭散布在一市八县。军宣队制定“上山下乡”的名单时，把家住苏州市的同学全部派往吴江，来自各县的学生则“哪来哪去”。于是有些班级有好几十人一同插到吴江的某个公社，我们班则顿时作鸟兽散。我独自回到太仓县，在长江边的一个村子里插队安身，从此与同学们天各一方。几十年来，只有常熟的陈本业、沈建新和沙洲的顾树柏三人与我保持来往，因为我们都是“黑五类”，在学校里曾抱团取暖，下乡后也就相濡以沫。至于其他同学，则是“一别音容两渺茫”。随着年龄的增长和阅历的加深，我的心情渐趋平静，不再记恨那几个曾经侮辱我的同学，一来我班同学都是操吴侬软语的江南人，“革起命来”不太暴烈。二来我终于想清楚了，在那种时代激流的裹挟下，热情而又幼稚的青年学生很难置身事外。如果我也出身于“红五类”家庭，焉知不会做出同样的举动？尽管如此，我仍然没有联络同学的愿望，几十年来偶然晤面的同学不超过十人。岁月奔流，人生几何，不如就此“相忘于江湖”吧。

事情终于起了变化，2017年，泰县溱潼中学1966届高三班的同学合作撰写了一本回忆录，书名是《1966年我们读高三》。主编高泰东请我为该书写一篇序言，他说该书记录了他们班全体同学的遭遇，做到了“健在同学的文章一个也不能少，去世同学的简介一个也不能少”。听了老高的这句话，又看了他们的书稿，我感慨万千，马上动笔写序。该书的内容丰富多彩，四十四位作者（以及去世的八人）都是共和国的同龄人，他们经历了共和国历史上所有的风风雨雨。全书的关键内容则是

1966年的高中毕业和1977年的高考这两个事件，我的序言也就题作《从六六届高中到七七级本科》。为了给即将出版的该书做个宣传，我将序言提前发表在2018年1月的《中华读书报》上。陆彬栩同学从微信上看到了这篇短文，想与我联系，因我不用手机而未成。几个月后，徐雪珍同学辗转传来一封电子邮件，说现居苏州的几位同学正在策划邀集全班同学同返母校以纪念离校五十周年，我当即回信表示同意。

很快到了10月20日，我在约定的时刻前往母校。正是周末，本该清静的校门口人声鼎沸，几十个老人三五成群，正在热烈交谈。立达楼前的电子屏幕上闪耀着“热烈欢迎1966届五班校友返校”的标语。很快人群中有若干人认出了我，我也认出了其中的若干人。当然，还有十来人已经非常陌生，只能“称名忆旧容”了。我们离校时都是红颜少年，如今变成一群白发翁媪，灿烂的笑容也掩盖不住满脸的沧桑。大家簇拥着当年的班主任赵荣良老师，在立达楼前拍了集体照，然后三三两两地漫游校园。春雨池、碧爵池、道山，校园的景物依然如故。建筑物的变化较大，立达楼和我班教室所在的那两座红楼却依然如故。中午在马路对面的酒店聚餐，大家频频举杯，气氛热烈。有人提议当年那对“同桌的你”合唱一曲，引起一片欢笑。尽管如此，整个席间仍有一丝凄凉。大家回首往事，都感到虚度此生。全班四十五人（如今已有五人离世），除了参军的五六人外，全都下乡务农，有人后来又从事木工、瓦工、赤脚医生、民办教师等活计。结束插队生涯以后，二十多个同学当了中学教师，此外有三个大学普通教师和五个银行、邮局的职工，境遇较好的有中层干部六七人，混得最惨的则有下岗工人四五人。当然，最后大家殊途同归，都成了退休老人。这岂是我们本来应有的人生轨迹！想当年我们是何等意气风发！1966年初夏，班里准备报考清华、北大的不下十人，这绝非我们年少轻狂，因为比我们早一年毕业的1965届高三五班确有五人考取清华，我们1966届高三五班何必妄自菲薄！没想到几年或十几年以后，我们所进的院校都是江苏师院、苏州地区师专之类，连进南大、东大的都算是凤毛麟角，还有十来人则终生与大学无缘！

刚才漫步校园时，我本想指给同学看一块石碑，那是2005年苏高中一百周年校庆时南京校友会捐献的，一时未能找到。不过我还记得碑文，那是我本人所撰："饮水思源，长怀苏州。名庠百岁，府学千秋。根深叶茂，桃秾李稠。琢成琳琅，育就骅骝。科学邃密，文采风流。昔皆青衿，今或白叟。孺慕易兴，春晖难酬。愿我母校，永居上游。"这篇碑文中并无过誉之辞。苏高中的毕业生人才济济，有口皆碑。仅从院士这个指标来看：从1925届开始，到1958届为止，每一届毕业生中都出过院士，有的年份（如1952届）甚至多达三人。改革开放以后也不乏其人。像1987届的庄小威，也已成为美国国家科学院院士。只有我们这些"老三届"，以及稍早稍晚的十多届毕业生，形成了一个断层。不但院士寂寥无人，连较有成就的工程师或专家，也未有所闻。这是因为我们格外愚笨或懒惰？当然不是。整整一代人虚度青春、蹉跎平生，不但是我们本人的悲剧，也是整个国家的重大损失。衷心祈求自身的人生悲剧永远不要重降在后辈身上！

宴席结束，我们在酒店门口依依惜别，再度各奔东西。挥手告别之际，大家说得最多的一句话就是："保重！"的确，一群年过七旬的老人，除了"保重"之外，还能做些什么呢？我看着同学们逐渐远去的身影，回想五十年前大家在母校门口"不辞而别"的情景，感慨万千，"五十年间似反掌"这句杜诗闪现心头。

（原载2018年10月31日《中华读书报》）

辑二　幸运的年月

西南联大中文系

汪曾祺

西南联大中文系的教授有清华的，有北大的。应该也有南开的。但是哪一位教授是南开的，我记不起来了，清华的教授和北大的教授有什么不同，我实在看不出来。联大的系主任是轮流做庄。朱自清先生当过一段系主任。担任系主任时间较长的，是罗常培先生。学生背后都叫他“罗长官”。罗先生赴美讲学，闻一多先生代理过一个时期。在他们“当政”期间，中文系还是那个老样子，他们都没有一套“施政纲领”。事实上当时的系主任“为官清简”，近于无为而治。中文系的学风和别的系也差不多：民主、自由、开放。当时没有“开放”这个词，但有这个事实。中文系似乎比别的系更自由。工学院的机械制图总要按期交卷，并且要严格评分的。理学院要做实验，数据不能马虎。中文系就没有这一套。记得我在皮名举先生的“西洋通史”课上交了一张规定的马其顿国的地图，皮先生阅后，批了两行字：“阁下之地图美术价值甚高，科学价值全无。”似乎这样也可以了。总而言之，中文系的学生更为随便，中文系体现的“北大”精神更为充分。

如果说西南联大中文系有一点什么“派”，那就只能说是“京派”。西南联大有一本《大一国文》，是各系共同必修。这本书编得很有倾向性。文言文部分突出地选了《论语》，其中最突出的是《子路曾皙冉有公西华侍坐》。“莫春者，春服既成，冠者五六人，童子六七人，浴乎沂，风乎舞雩，咏而归。”这种超功利的生活态度，接近庄子思想的率性自然的儒家思想对联大学生有相当深广的潜在影响。还有一篇李清照的《金石录后序》。一般中学生都读过一点李清照的词，不知道她能写这样感情深挚、挥洒自如的散文。这篇散文对联大文风是有影响的。语体文部分，鲁迅的选的是《示众》。选一篇徐志摩的《我所知道的康桥》，是意料中事。选了丁西林的《一只马蜂》，就有点特别。更特别的是选了林徽因的《窗子以外》。这一本《大一国文》可以说是一本“京派国文”。严家炎先生编中国流派文学史，把我算作最后一个“京派”，这大概跟我读过联大有关，甚至是和这本《大一国文》有点关系。这是我走上文学道路的一本启蒙的书。这本书现在大概是很难找到了。如果找得到，翻印一下，也怪有意思的。

“京派”并没有人老挂在嘴上。联大教授的“派性”不强。唐兰先生讲甲骨文，讲王观堂（国维）、董彦堂（董作宾），也讲郭鼎堂（沫若）——他讲到郭沫若时总是叫他“郭沫（读如妹）若”。闻一多先生讲（写）过“擂鼓的诗人”，是大家都知道的。

联大教授讲课从来无人干涉，想讲什么就讲什么，想怎么讲就怎么讲。刘文典先生讲了一年庄子，我只记住开头一句：“《庄子》嘿，我是不懂的喽，也没有人懂。”他讲课是东拉西扯，有时扯到和庄子毫不相干的事。倒是有些骂人的话，留给我的印象颇深。他说有些搞校勘的人，只会说甲本作某，乙本作某——“到底应该作什么？”骂有些注释家，只会说甲如何说，乙如何说——“你怎么说？”他还批评有些教授，自己拿了一个有注解的本子，发给学生的是白文——“你把注解发给学生！要不，你也拿一本白文！”他的这些意见，我以为是对的。他讲了一学期《文选》，只讲了半篇木玄虚的《海赋》。好几堂课大讲“拟声法”。他在黑板上写了一个挺长的法国字，举了好些外国例子。曾见过几篇老同学的回忆文章，说闻一多先生讲楚辞，一开头总是“痛饮酒熟读《离骚》，方称名士”。有人问我，“是不是这样？”是这样。他上课，抽烟。上他的课的学生，也抽。他讲唐诗，不蹈袭前人一语。讲晚唐诗和后期印象派的画一起讲，特别讲到“点画派”。中国用比较文学的方法讲唐诗的，闻先生当为第一人。他讲《古代神话与传说》非常“叫座”。上课时连工学院的同学都穿过昆明城，从拓东路赶来听。那真是“满坑满谷”，昆中北院大教室里里外外都是人。闻先生把自己在整张毛边纸上手绘的伏羲女娲图钉在黑板上，把相当烦琐的考证，讲得有声有色，非常吸引人。还有一堂“叫座”的课是罗庸（膺中）先生讲杜诗。罗先生上课，不带片纸。不但杜诗能背写在黑板上，连仇注都背出来。唐兰（立庵）先生讲课是另一种风格。他是教古文字学的，有一年忽然开了一门“词选”，不知道是没有人教，还是他自己感兴趣。他讲“词选”主要讲《花间集》（他自己一度也填词，极艳）。他讲词的方法是：不讲。有时只是用无锡腔调念（实是吟唱）一遍：“‘双鬓隔香红，玉钗头上风’——好！真好！”这首词就pass了。沈从文先生在联大开过三门课——“各体文习作”“创作实习”“中国小说史”，沈先生怎样教课，我已写了一篇《沈从文先生在西南联大》，发表在《人民文学》上，兹不赘。他讲创作的精义，只有一句“贴到人物来写”。听他的课需要举一隅而三隅反，否则就会觉得“不知所云”。

联大教授之间，一般是不互论长短的。你讲你的，我讲我的。但有时放言月旦，也无所谓。比如唐立庵先生有一次在办公室当着一些讲师助教，就评论过两位教授，说一个“集穿凿附会之大成”、一个“集啰唆之大成”。他不考虑有人会去“传小话”，也没有考虑这两位教授会因此而发脾气。

西南联大中文系教授对学生的要求是不严格的。除了一些基础课，如文字学（陈梦家先生授）、声韵学（罗常培先生授）要按时听课，其余的，都较随便。比较严一点的是朱自清先生的“宋诗”。他一首一首地讲，要求学生记笔记，背，还要定期考试，小考，大考。有些课，也有考试，考试也就是那么回事。一般都只是学期终了，交一篇读书报告。联大中文系读书报告不重抄书，而重有无独创性的见解。有的可以说是怪论。有一个同学交了一篇关于李贺的报告给闻先生，说别人的诗都是在白地子上画画，李贺的诗是在黑地子上画画，所以颜色特别浓烈，大为闻先生激赏。有一个同学在杨振声先生教的“汉魏六朝诗选”课上，就“车轮生四角”这样的合乎情悖乎理的想象写了一篇很短的报告《方车轮》。就凭这份报告，在期终考试时，杨先生宣布该生可以免考。

联大教授大都很爱才。罗常培先生说过，他喜欢两种学生：一种，刻苦治学；一种，有才。他介绍一个学生到联大先修班去教书，叫学生拿了他的亲笔介绍信去找先修班主任李继侗先生。介绍信上写的是：“……该生素具创作夙慧。……”一个同学根据另一个同学的一句新诗（题一张抽象派的画的）“愿殿堂毁塌于建成之先”填了一首词，作为“诗法”课的练习交给王了一先生，王先生的评语是：“自是君身有仙骨，剪裁妙处不须论。”具“夙慧”，有“仙骨”，这种对于学生过甚其辞的评价，恐怕是不会出之于今天的大学教授的笔下的。

我在西南联大是一个不用功的学生，常不上课，但是乱七八糟看了不少书。有一个时期每天晚上到系图书馆去看书。有时只我一个人。中文系在新校舍的西北角，墙外是坟地，非常安静。在系里看书不用经过什么借书手续，架上的书可以随便抽下一本来看。而且可抽烟。有一天，我听到墙外有一派细乐的声音。半夜里怎么会有乐声，在坟地里？我确实是听见的，不是错觉。

我要不是读了西南联大，也许不会成为一个作家。至少不会成为一个像现在这样的作家。我也许会成为一个画家。如果考不取联大，我准备考当时也在昆明的国立艺专。

1988年

（录自《汪曾祺全集4·散文卷》，北京师范大学出版社，1998年版）

幸运的年月

杜运燮

我交的好运不多，到西南联大学习，是我经常禁不住要温习的一次。

怎么竟会撞上那么一个有那么丰富内容的好运气？好像突然接到一个大礼品包裹，里面又层层包着小的好运。也用必然性和偶然性去解释过，却总觉得还不够。

物质条件是很差的。多数师生穿得很寒碜。有的甚至是褴褛。我穿的衣服也多半是从旧货摊、旧衣店买来的。每碗饭中都是怎么挑也挑不净的小沙子。老鼠屎，见多了，也不觉得恶心。学校外表更没有传统大学的派头。宿舍是茅草屋，洗脸、洗衣只能靠一口水源不足的水井，许多屋里颇像废旧物品仓库。上课时要一只耳朵听课，一只耳朵听警报，有时连准备“跑警报”的双腿也会保持高度警惕。

书，对大学生来说，至少与饭同样重要，但数量的需要却要多很多；可是那时书太少，而且能借到、买到的，不是书页四角卷成无数“狗耳朵”（借用英文比喻），就是土纸印刷的，翻读很吃力。联大图书馆不能满足要求，幸好也另有穷办法，街上几家书店成为我们戏称的“私人藏书库”，经常跑去站在书架前一读就是数小时。翠湖里有个小小的市立图书馆，阅览室好像是三面临湖，湖面铺满水浮莲，环境清幽，成为我暑假最爱去的“度假胜地”，经常带几块饵块或烧饼欢度一整天。

学生穷的占多数。相当大部分来自沦陷区，即使有的家乡未沦陷，家里经济情况也很拮据。学校给的“贷金”不够付正常的伙食费，很多同学都不得不在课余到校外做各种各样的工作，包括放警报和放午炮。我主要是靠不固定的当家庭教师和向报纸副刊投稿得些微薄收入。有过几次确实“断炊”了。

物质条件虽然很差，精神方面的享受，质量却无疑是第一流的。在联大的那段日子，我一直感到精神上极为富有。每天都有巨额收入，那时留下的积蓄，似乎是一辈子取之不尽，用之不竭的。

这是因为，西南联大是一个特殊时代、特殊地区的特殊产物。八年的独特风采是个独特的历史现象。

抗日战争是个特殊时代。这毋庸细说。

昆明是个特殊地区。它不是延安，也不是重庆。由于一个时期云南军政当局与蒋介石有一定的矛盾，昆明成为国统区中政治环境有点特殊的地区，特别是联大初期。

设在昆明的联大，于是乎也就有了它的特殊气氛；有“民主堡垒”的美称。

我生于国外，来自远离北方的福建，很久很久了，由于读过的历史地理和古今文艺作品，一直无限向往北京，向往北方。现在，京津三所名牌大学竟能合力办起一所新大学，成为中国历史，以至世界历史上都没有过的惊人创举。这就更增加了它的神秘性和吸引力。我能在那个特殊时代，来到那个特殊地区，进入那个特殊大学，当时感到真是最大的幸运。

使我感到高度精神满足的，首先是教师的高密度“人才荟萃”。三个名牌大学的名学者、名作家，闪光的名字一长串，都是我心仪已久的，在我的眼里像是一片星光灿烂的晴空。

我是生平第一次有机会见到那么多名人。我想听的课太多了。常感到时间不够用，在教室之间疲于奔命。除听外语系的课外，也常慕名去听中文系以至哲学系的课。校里常举办专题或时事演讲会，还可以亲聆其他各系名教授的最新精辟言论。也能到名作家的家里请教。作为刚刚开始学习文艺写作的我，不仅想努力理解他们的一段暗示、一句鼓励，连他们的一些特别写作习惯，也不愿放过，仿佛也与能否成为作家大有关系。

我忘不了那一次，和林元到闻一多先生家请他为冬青文艺社发表演讲，他很爽快地答应了。当时我们都十分激动，因为那是他第一次从他的古典文学研究中抽出时间支持一个进步学生团体。

中文系的另一老师沈从文先生的家，一些爱写作的同学都喜欢去。我也通过后来与巴金结婚的同学陈蕴珍（萧珊）的介绍，常去他的家。他描绘的湘西农村世界早就使我神往。他不但写作经验丰富，成就很大，而且和蔼可亲，热情帮助爱好文艺的青年。在他那里，听到许多有启发性的文坛掌故逸事，结识不少“文艺青年”，还见到了一些知名作家。那也是一种难忘的激励。

好像是为了与教师的人才荟萃相媲美，联大的学生也是人才荟萃，不单单是因为头几年有许多学生都是从北方来的清华、北大、南开可敬的学长，其他学生也多是经过严格考试从全国各地挑选来的，一细打听，多是知识功底较扎实的各地拔尖的中学毕业生。在我眼中，称得上“才华横溢”的，简直不可胜数。那时，杨振宁的名字就已传遍校园，因听说他是十六岁考上大学。许多同学是经过千辛万苦的跋涉才来到昆明的，有的还是令我敬佩的富有社会实践经验的，我特别爱听他们详谈颇有传奇色彩的经历。更重要的是，也是当时我的一个最深感受，联大学生中重视历史责任感的空气很浓厚，至少我所接触的部分同学是如此。

当然，也有极少数另一种学生。听说他们过着商人式暴发户的生活。一学期除开学头几天和期末考试，多半时间都在找挣钱的门路或跑滇缅公路，做投机倒把生意。但绝大多数学生不羡慕，安于简朴的生活，不受影响，只把他们当作讽刺的对象。

同学中，给我印象最深，也是给我影响最大的，有两部分，一是进步同学，二是爱好文艺的同学。当然也有既进步又爱好文艺的同学。我在中学时代出于阅读鲁迅、茅盾、巴金、高尔基、艾思奇等的作品，接触过进步思想。但直到联大才有机会结识真正的进步青年。解放后才知道其中有一些当时是地下党员。在他们的影响下，我越来越多地参加了进步学生社团“群社”组织的活动，包括读书小组，在民众夜校当教员，参加办壁报，假期到农村宣传抗战等。群社的进步同学继承了北京学生“五四”“一二·九”的革命传统。他们的许多优秀品质都使我敬佩，虽然当时我对他们了解很少，向他们学习得不够。实际上，他们就是我的政治启蒙老师。

联大校园里似乎还弥漫着一种具有强烈传染力的气体，那就是激发学生从事文艺创作的无形力量。我能沉浸其中尽情享受，觉得也是一大幸福：有那么多作家，言传身教，当然是个因素；一时聚合了那么多喜爱写作，又有雄心壮志的青年（有的入学前就已在社会上崭露头角），大概也是个重要因素。我能走上文艺创作的道路，起步就在联大。

我很幸运，开始拿笔学写诗；想用诗人的眼睛观察社会，用诗的语言表达激情时，正是全民族同仇敌忾，抗击侵略者之时，并还参加了抗战宣传活动，这就使我以后每次动笔时总不会忘记祖国的土地和人民，不会忘记中国现实。也碰巧在那时又被西欧“粉红的三十年代”的现代主义诗歌所吸引，使我开阔了眼界，一开始除继承中国新诗传统外，也借鉴了更多样的表现手法。

我参加冬青文艺社的那段日子，几十年来一直历历在目。冬青社是群社的文艺小组扩大成立的，它团结了广泛的爱好文艺的同学。那时先后在联大期间发表处女作或成名作的好几位社员，后来一直笔耕不辍，到现在仍活跃在文坛上。冬青社开展多种形式的活动，办《冬青》壁报，出版（实际上只是把作者手稿合订成册，加上封面，放在阅览室里）《冬青诗抄》《冬青小说抄》《冬青散文抄》《街头诗页》，举行演讲会、诗歌朗诵会等。后来冬青社还在昆明、贵阳报纸上出版专页副刊，影响更超出联大范围了。冬青社也是联大活动时间最长的一个学生社团，从1940年一直延续到1946年联大结束。

同时，我也感到很幸运，当时女作家杨刚在香港《大公报》主编文艺副刊，我和联大其他一些同学一样，初期的诗习作都在那里发表，在起步时就受到她热情的鼓励和帮助，这也就是我大量写诗的开始。

那个时期的“文艺青年”，风华正茂，都抱有充分发展文艺才华的迫切愿望。大家都在努力写，坚持写。不少人还喜欢炫耀其远大抱负，有点“狂”。有的同学一眼看其神态服饰，便知他已是或将是一个诗人、作家；有的同学似乎还设计了只有外国小说中才有的商标式的个人标志，例如经常用特定的姿势抽着特殊烟斗；等等。大家都觉得这样做很自然，也很有趣，符合青年的气质。各人的文学观点和奋斗目标不完全一样，有时还在凤翥街小茶馆里争论得面红耳赤，持续数小时，有时还连续辩论好几天。我庆幸在联大结识那么多互相竞争、互相促进的文学伙伴，他们后来都为中国文学事业做出应有的贡献。那也是我一生难得的机会，一次好运气。

回顾那些幸运的日子，当然也不会忘记我最初是如何迈进学校大门的。也有一段可称为特殊的经历。统考时我原考进浙江大学农艺系，先在厦门大学生物系借读，读完一年级后才转学到联大。从长汀到昆明，一路上找车又转车，多次遇到敌机轰炸，又在韶关急病住院一些时候，到联大时，考期早过，最后只是凭着我一年级成绩单和厦大中文系林庚先生的介绍信被录取进外语系二年级。我相信，我终于能获准转学，靠的主要是联大执行那个特殊时代某种特殊灵活性的规定。至少这也是我对联大“特殊”二字印象特别深的缘故之一。没有这次好运气，其他一些好运气都谈不上了。

1988年4月

（录自《热带三友·朦胧诗》，中国戏剧出版社，2006年版）

天堂之门

曹文轩

我大概能对图书馆的一段特殊历史作出证明。

1974年9月，我身着一套从一位退伍军人那儿讨来的军服（那是当时的时装），呆头呆脑地来到了北大。录取我的是图书馆系。而当时的图书馆系是与图书馆合并在一块的（简称“馆系合并”）。把我弄来的是法律系的一个叫王德意的老师。她去盐城招生，见了我的档案，又见了我人，说：“这小鬼，我们要了。”那时北大牌子很硬，她要了，别人自然也就不能再要了。分配给盐城的一个名额是图书馆系。那时候，我没有什么念头和思想，眼睛很大很亮，但脑子呆呆的，不太会想问题，连自己喜欢不喜欢图书馆学也不大清楚。我糊里糊涂地住进了31楼（图书馆系的学生全住这座楼），糊里糊涂地上课，吃食堂，一大早绕着未名湖喊“一二一”，跑得上气不接下气。给我们上课的教员很多，后来馆系一分家时，我发现他们有的留在了馆系，有的留在了图书馆。合并之前他们到底谁是馆系的，谁是图书馆的，我至今也不大清楚。在大约三个月的时间里，我懂得了什么叫“皮氏分类法”，学了一支叫“一杆钢枪手中握”的歌，跟从宁夏来的一个同学学了一句骂人的话，记住了一两个笑话（其中一个笑话是：一个图书馆管理员把《钢铁是怎样炼成的》这本小说归了冶金类），认识了许多至今还在馆系和图书馆工作的老师。就在我死心塌地要在31楼住下去时，一日，忽然来人通知我：“你会写东西，走吧，去中文系学习去吧。”当时中文系的学生全住32楼。搬家那天，给我送行的人很多，从31楼哩哩啦啦直到32楼，仿佛我此去定是“黄鹤一去不复返”了。到了中文系，我觉得与周围的人有点生分，感觉不及与馆系的老师、同学相处时那么好，于是，我常常往31楼跑（他们说我是“回娘家”）。直到今天，我仍与馆系和图书馆的一些老师保持着一种亲切。这一点对我后来去图书馆借书，带来不少好处。

到中文系不久，就参加了大约一周的劳动。这次劳动又与图书馆有关：在馆前挖防空洞。那时，大图书馆刚落成不久。下坑（在我们之前，其他系的学生已经将地面刨开并挖下去好几尺深了）前，有一次动员。动员之后，挖坑的目的便明确了：敌机轰炸时，在图书馆读书学习的几千人来不及疏散，可立即就近钻入防空洞。做动员的是军代表。他说着说着，就把我们当成了军人；说着说着就忘了那不过是去图书馆前挖洞，而让人觉得他要把我们带到平型关或台儿庄那些地方去打鬼子。我们面对高高矗立的大图书馆排着队，一脸的严肃和神圣。大家认定了敌机肯定会来轰炸它的，便都觉得确实应该在它周围挖些洞，并且要挖得深一些。那些天，每天早晨，我们从32楼整队出发，也唱着“一杆钢枪手中握！”（实际上只是肩上扛把铁锹），雄赳赳地开赴图书馆。时值寒冬，天气颇冷。我们穿着薄薄的棉衣，在凛冽的寒风中冻得老打哆嗦。但黑板报上写道：天是冷的，心是热的。当时我想：心肯定是热的，心不热人不就呜呼了？但我们确实不怕冷，就为了那个信念：图书馆里读书学习的人再也不用怕敌机轰炸了，尽可宁静地坐着去看自己愿看的书。在图书馆东门外的东南方向，我们挖了一口很大很深的洞，下去清烂泥时，要从梯子上下去。那天晚上由我和另外一个同学看水泵。我们扶梯而下，然后坐在坑底的一张草帘上，看着最深的地方，见渗出水来了，就启动水泵抽出去。那天的夜空很是清净明朗，水深蓝一片，星星像打磨过一样明亮。图书馆静静地立在夜空下。坑底的仰望，使我觉得它更加雄伟，让人的灵魂变得净化和肃穆。那时，我倒没有联想到它里面装的那些书对这个世界的进步和辉煌有多么巨大的作用，仅仅把它看成一座建筑。这座建筑就足以使我对它肃然起敬，并觉自己渺小不堪言。看来，体积也是一种质量，也是一种力量。深夜，我那位同学倚在坑壁上入了梦乡，我却因为有些寒冷而变得头脑格外清醒。寒星闪烁，当我把目光从图书馆挪开，从坑口往下移动，又去环顾整个大坑时，忽然觉得这口坑像个水库。那时候的人联想质量很差，联想得很拙劣。我竟然勾画出这样一幅图画来：汽笛声忽然拉响，在紧张的空气中震动着，灯火明亮的大图书馆忽然一片漆黑，一股股人流在黑夜里从各个阅览室流出，流到这个“水库”，最后把“水库”蓄得满满的。干了一个星期，我们就“撤军”了。这几年，常听人说，过去挖的防空洞不太顶用，用一颗手榴弹就能将顶盖炸开。我死活不肯相信。

现如今，图书馆东门外，已是一大片绿茵茵的草坪，成了北大一块最舒适，最叫人感到宁静、清爽、富有诗意的地方。夜晚，吹着微微的晚风，年轻的男大学生和女大学生们或坐在或躺在散发着清香味的草坪上，用清纯的目光去望图书馆的灯光，去望一碧如洗的天空，弹着吉他，唱着那些微带忧伤的歌，让人觉察到了一份和平。但，当我坐在矮矮的铁栅栏上，坐在我曾参加挖掘而如今上面已长满绿草的洞上时，脑子里常常出现一个似乎平庸的短句：和平之下埋葬着战争。如今这些防空洞有了别的用处。一段时期，曾被学生们用来做书店。我下去过一次，并进过几间房子，感觉不太好，隐隐地觉得，在这地底下做事，总有点压抑，总有点不“光明磊落”，尤其不适宜在这地底下卖书。书应该在阳光下卖，应该在地面上有明亮灯光的屋子里卖，就像读书应在阳光下读，应在图书馆这样建在地面上的高大建筑里读一样。尽管那些书都是些正经书。

从在图书馆系一本正经地学“皮氏分类法”到在中文系为

图书馆很卖力地挖防空洞，给我一个深刻印象是：我们将要进入窗明几净的图书馆看书学习了；读书是件很有意义并且是件很有趣的事情。然而并不见这一天。偌大一个图书馆，藏书几百万，但被认定可以供人阅读的却寥寥无几。就这寥寥无几之中又有一些还是很无聊的东西。绝大部分书或束之高阁或被打入冷宫。可惜的是这些书，似乎是用不着什么“皮氏分类法”，谁都会分的。图书馆也未出现几千人阅读、掀书页之声如蚕食桑之音的生动景象。那时，果真有敌机飞临大图书馆上空，果真扔下许多炸弹来，也不会伤着太多人的。我那时的思想极不深刻，但有农民的朴素：上大学不读书还叫上大学么？走在图书馆跟前，望着那高大深邃的大门，想着里面有那么多书（这一点我知道，因为我还参加过从旧图书馆往新图书馆运书的劳动），心里头总是想不太明白。那段时间，我只能望着它，却不能从它那里得到恩泽。那时，我觉得它是凝固的没有活气的一座没有太大意义的建筑，那大门是封闭的。

后来，我们步行一整夜，脚板底上磨出许多血泡来，到了大兴基地。从此，就更无机会踏进图书馆的大门了。这座号称亚洲最大的大学图书馆，仅在梦中出现过几次。我们在那里开荒种地盖房子，偶尔在光天化日之下的田头空地上上几堂课，但我实在喜欢书，因此总觉得很寂寞很无聊。于是，晚上就和几个同学到麦地里逮刺猬，要不就往附近的村子乱窜，或到养鱼塘边看月色下的鱼跳。那地方很荒，我的心更荒，常常沦陷在困惑和迷惘里：我究竟干什么来了呢？过了些日子，终于在木板房里设了一个图书资料室。书都是从大图书馆抽取出来的，上面都盖着大图书馆的藏书章。这总算又与图书馆联系上了。书很少，大多为政治方面的书。当然有总比没有好。晚上，丢下饭碗，我就和一个上海同学钻进木板房，将那些书狠狠地看。其中有些书是大部头的哲学书。我逮着就啃，啃着啃着，出来些味道，便越发地使劲去啃。不曾想到，就从这里培养了我对哲学的兴趣。后来的十几年时间里，我读书的一大部分兴趣就在哲学书籍这里，并把一个观念顽固地向人诉说：哲学燃烧着为一切科学陈述寻找最后绝对价值的欲望。这种不可遏制的欲望，使得它总是不惜调动全身解数，不遗余力地要将对问题的说明推向深刻。缺乏哲学力量的任何一门科学研究，总难免虚弱无力。不久前，我出的一本书，就是一本与哲学有关的书。我永远记住那几本陈旧的盖有图书馆藏书章的哲学书籍。至今脑子里还有那枚章子的温暖的红色。遗憾的是，在那地方，我终于没有把为数不多的书看完。因为，有人开始在大会上暗示众人：有人把政治书籍当业务书籍来看。我有点胆怯，只好把看书的欲望收敛了些，空闲时到水边看村子里的小孩放马去了。

再后来，我被抽调出来，从大兴基地来到北京汽车制造厂参加三结合创作小组，写长篇小说了。这段时间倒看了一些书。这要感谢当时图书馆承担为开门办学服务工作的一位老师。他隔一段时间就来看我。来时，或用一只纸箱或用一只大包给我带些书来，据说，这位老师前几年离开图书馆做生意去了。那天，我在小商店买酱油碰到过他一次。我朝他点点头，心中不免有点惆怅。

当图书馆完全重见天日时，我已成了教员。七十年代末八十年代初，图书馆把人们对知识的渴望和重视充分地显示出来。总是座无虚席，总是座无虚席！中国人毕竟懂得了图书馆的意义。每当我走进这片氛围里，我总要深受感动。这里，没了邪恶，只有圣洁。那份静穆，几乎是宗教的。我不由得为它祈祷：再不要因为什么原因，使你又遭冷落，使你变得冷清蒙上耻辱的尘埃。

我现在并不常到图书馆去。因为我个人有了一些藏书。但每时每刻我总为它而感骄傲。我想：人们如此向往北大，沾上之后总不愿离去，固然是因为它那份有名的风气，但其中还有一个很重要的原因，那便是，北大有这样一座图书馆。我还想：北大风气之所以如此，也是与这个图书馆密不可分的。我曾在一次迎新会上对新生们说：北大有一个很大的图书馆，里面有很多很多的书，它们将告诉你很多很多道理；你若是在几年时间里感受到了它的存在和价值，你才算得上是一个北大的学生；那大门是天堂之门。

1992年3月于北大中关园

（录自《追随永恒》，北京大学出版社，1998年版）

我的走读生活

夏晓虹

我与北大险些失之交臂。

1977年，我正在北京市皮毛三厂当工人，学做“领袖”手艺——在皮毛行当里，做领子和袖子需要功力深厚。忽一日，传来恢复高考的消息，我们这些半途失学的青工自是欣喜非常，纷纷摩拳擦掌，跃跃欲试。本人也不甘“堕落”，开始忙里偷闲地复习准备。因中学课程几乎全部空白，只好放弃一向自觉有天分的数学，改攻文科。考试科目中，语文、历史、地理均靠平日积累，可不费力气；唯有数学，虽云喜爱，却未系统修过，读过一本简易的微积分教材，又派不上用场。于是，整个夏季，我都在汗流浃背地演算代数、几何题。

在报考表上填志愿时，着实费了番心思，当时的感觉是颇有些生死攸关的意味。倘若志高分低，便绝无录取的希望；而如果自失良机，弃高取低，也会后悔一辈子。现在想来，那时北京的考生大约因见多识广，多半有傲视天下的气概。询问之下，我的工友们竟毫无例外地选择“北大”“清华”“北京外院”这些在我看来高不可攀的名校作第一志愿。一位年龄长于我的朋友，更毫不迟疑地在所有志愿栏中，一概填写上北大，而依次列出她最想考取的三个系，大有非北大不上之势。受此精神鼓舞，我也在第一栏填写了“北京大学中文系”。

不过，因为我太想得到读书的机会，同时又耳闻我的第一志愿在北京地区只有九个名额的内部消息，我并无“天之骄子”的自信，所以在随后的两个志愿中，分别写上了“北京师范大学历史系”与“南开大学历史系”。读历史是我的愿望，可惜当年北大只有考古与世界通史两个专业招生，前者太辛苦，后者不对口味，只好改填中文。至于挑选南开，在我说来，已是准备做出最大牺牲。我之重做北京人，原是费了无穷气力，绝不肯轻易丢弃这一珍贵的北京户口。只是后来向外地同学讲到我的“委曲求全”时，才受到嘲笑，发现原来还是悬得太高。三所大学都属于重点院校，我的志愿并没有拉开档次，便可能一辱俱辱，全部落空。

最初的结果正是这样，发录取通知书时，我们一班朋友全部榜上无名。平心而言，当年我并不觉得十分意外。世界之大，天外有天，北京本是藏龙卧虎之地，断不缺少高人。何况那年作文的试题“我在这战斗的一年里”也与我路数不对，整天与兔皮羊皮厮混，毫无战绩可言，文章不免空洞。主课如此，落选于是不能算沉重打击。我那些出考场依然感觉甚佳的友人，虽有些失落感，毕竟大家仍同在一处，明年尚可鼓勇一试。偏是同班组一位平日异常淘气、其实心细如发的男孩，对我有些不放心。一日，车间打扫卫生。我在小学时，已练就一脚跨出窗外擦净两面玻璃的本领，此刻也照行其事。这男孩疑心我因落榜心绪不佳，特召唤我退入窗内，并加以婉解。我很感激他的好意，虽然他错会了我的意思。

看起来，1978年初，北大的校门已经对我关上了。谁知事情竟会出现转机。

因系第一次恢复高校招生考试，积压的人数太多，许多成绩优秀的考生，只为年龄偏大而被取消录取资格，不免愤愤不平。后来与我同时入校的一位同学，便设法打听出各门科目的分数，不断上访，据理力争。依靠他们的努力，北京市破例创行“扩大招生”办法，由各高校在落榜者中，再挑选一批合格者。我有幸加入这一行列，才终于在1978年3月初的一天，踏进我向往已久的北大校园。

第一次走进中文系的印象很深刻。我们十名后来者，集中到32楼一个颇为幽暗的房间，当时中文系的办公室设在一层。费振刚老师时任文学专业党支部书记，负责与我们谈话。我们被告知，先前报到的同学已上课一月，我们必须补课。这使我得以在小范围里，最先认识了我后来的研究生导师季镇淮教授。另一项重要的消息是，除文学专业外，新闻专业（当年在北大，现已归还人大）也扩大招收了四十名学生，与原先的三十名同学正好分编为两个班。系里已决定，新闻专业扩招的学生全部住校，宿舍相形紧张，文学专业的同学只好走读。好在当初早有思想准备，走读是录取的条件，扩大招生并未扩大学生宿舍，这一规定合情合理。新闻专业的同学运气好，那只说明学校的体谅学生；校方力有不及时，我们理所当然应该保持走读，方才名副其实。当然，系里考虑到我们中的一些人住处太远，不可能天天往返于北大与南口、石景山之间，因此为其中的四位同学安排了住宿。

课程总是从第一节排起。幸好我有插队的经历，回城不过两年，不似现在这般惰性已深，起早尚非难事。我家当时分住两处，龙潭湖一带太远，去北大等于由东南至西北横穿整个京城，乘车没有两个小时不能到达。我于是选择崇文门外的花市居处为日常落脚地，凡有课之日，便先步行至崇文门111路电车的起始站，坐到动物园，再换乘332路公共汽车。经过一段实践，发现每次六点半以前出发，即可准时赶到学校。这自然是借了早起人少、车行快捷的光。

每每六点钟起床，今日觉得痛苦万分，当时却习以为常，可见人是有潜能的，只看是否激发。3月份的北京，清晨寒意仍重。走出门来，吸一口清冽的空气，微微打一个寒噤，昏昏然的头脑顿时清醒，立刻精神大振。马路上空寂少人，偶尔可以遇到一位清洁工，在昏黄的灯光下，有规则地运动扫把，那是间或疾驶而过的车声之外仅有的音响。

因为这一届学生太多，加之专业课是与上一级的工农兵学员以及“文革”前的大学生回炉班同修，每门课均有一百五六十人听讲，大家又格外珍惜来之不易的受教育机会，课堂的出勤率总是超过100%（因有非正式的旁听生）。为此，那一学期无论党史还是中国文学史，所有的课程都安排在哲学楼101的大教室上。这间教室的结构是讲台在大门一侧，座位向里延伸。迟到的同学须经过讲课老师，才能入座，这在当年也被认作是极不礼貌的行为。我既然已知晓乘车的规律，便可以摆脱这种尴尬，总能在铃声响起的那一刻，准时步入教室。同学中有人对此表示惊异，其实关键在于掌握好下车后的节奏。从332路的中关村车站到哲学楼之间的一段距离，可以用不同的速度处理。若临近上课的钟点，便作奔跑科；若时间充裕，便作散步状。只要在进教室前调整好呼吸，旁人即看不出差异。

不只按时上课，当年的同学确实学习认真，一丝不苟。每到课间休息，授课的老师总被提问者包围，一如现在考试前的答疑场面。大约因为很多年没有遇到这样好学的学生了，老师们也很感动，倾心指点，诲人不倦。对于分数，许多同学极为看重，视之为知识水平的标尺，分毫必争。记得入读刚刚一个多月，即逢期中考试。随班听讲的内容与补课加进的成分重叠在一起，还来不及消化，便匆忙上阵。考试分开卷与闭卷两种形式，闭卷侧重常识，开卷注重分析与理解。后者要求写一篇关于《左传》的文学性一类短文，更见功力。不想抄笔记，对此段文学又很陌生，加之没有时间细读全书，答卷自是写得不能令人满意，只得了4- 的低分。另一位走读的同学得分是3+，在我看来，与我的分数一般无二。她偏认为4- 究竟在4分的行列里，比她的分数高一层次，便执着地找老师理论。又有一位古典文献专业的同学，酷爱古代文学研究，放弃本班较为简单的中国古代文学史课程，改随我们一起上课、考试。他交来的开卷作业，竟是一篇五六万字的长篇论文，让我钦佩不已。老师却不加鼓励，而坚持北大严谨治学的传统，劝告此同学先打好基础，从短文写起。这对我也是一次有益的教训。

走读生活里，最为难的是午间休息。无课可上，图书馆关门，吃罢午饭，即无处安身。因系第二批入学，熟悉的只有已经入住的扩招同学，只好打她们的主意。那时，国外来求学的学生很少，因而备受重视。同学中有一位本是阿根廷国籍的华人，要求住中国学生宿舍，系里便专门安排了一位年轻教师与她同住，帮助学习，照顾生活。我们未入学前，她们独自拥有一个房间。此时，两位家远的走读同学已挤住进去。随后，那间房子也成了我和另一位女生的落脚地。尽可能地压抑聊天的欲望，但侵入本身已构成实在的打扰。怀着歉疚的心情，我们仍日复一日地占用她们宝贵的时间与空间。

由于总是上大课，文学班很少单独活动，本人又缺乏交游与识人的才能，以致进校很久以后，同班同学还认不全。更有一次在饭堂吃饭时，犯了一个严重的错误。一位先来的同学，因患小儿麻痹，留下后遗症。平日只在课堂相见，不曾留意。此回共进午餐，聊得畅快。待其转身离去，忽发现她一腿微跛，不禁冒昧动问："你的腿怎么了？"幸好此同学大度，泰然自若地说明病因，倒让我颇为难堪。

不过，走读也有一点好处，虽然很微末，但在收入与物价均甚低廉的当年，穷学生对此也很计较。今日说来已有点不可思议，入学的第一学期，我们吃饭采用的是包伙制，每月只需付十五元，一日三餐便有了着落。菜的花样自然很少，几无可挑选，早餐也永远是馒头、棒子面粥加咸菜，但每次撕一张餐券交给食堂的师傅，即可换回管饱的一顿饭。我们几个仍在走的走读生，也得到了同样的三套餐券（早、中、晚颜色不同），却是不可能用完。我不会提前半小时赶到学校，来吃这顿便宜的早餐，也不会在没课的下午，专等吃晚饭而滞留不归，学校因此同意我们把多余的饭票退换成现金。其他住校的同学便没有这等优惠，虽然也可能来不及吃早饭，北京同学周末也必定回家。于是，我们因享此专利，受到羡慕，而有了唯一的一点优越感。

谈到吃饭，第一次上课我就惊异地发现，所有同学除书包外，都还随身携带着一个多半是用毛巾做的口袋，内装两个搪瓷饭盆与勺子，走到哪里都发出一片叮当的声响。通常在教室就座与散课时，才会听到这一此起彼落的音响。若在课程进行中，不小心充当了声源，当事人总觉不好意思。至于以振动饭盆的方式提醒教师应该下课，那是后来的发明。当时食堂尚无存放餐具的橱柜，有此装备，下课后便可直奔饭厅，而不必绕回宿舍。知其妙用，我很快也如法炮制。尽管不多时，毛巾口袋外表便泛出灰黑色，却仍懒得洗涤，毫无愧怍地提携此不洁之物到处行走。

初入学时，本是抱着走读四年的决心。然而，势变情移，我们竟然抵不住诱惑，很快改变了初衷。套用“文革”时流行而当年仍在沿用的俗语：“堡垒是很容易从内部攻破的。”走读生的分化，最终动摇了我的意志。起初入住的四名同学，尚有家居郊县、无法当日往返的实际困难。但其中一人住址虽属丰台，实与另一归属于市内宣武区的同学只隔街相望，后者对于仍须走读的判定已不免抱怨。加之不久后，系里从办公用房中又挤出一间，同时进校的四名男生虽需打地铺，毕竟一并解决了住宿问题。继续走读的于是只剩下我和另一位女生，在坚持光荣传统的同时，心里自然不会平衡。有事找领导。经过一番申诉与研究，文学专业对女生宿舍作了调整，阿根廷籍同学与陪住老师搬去一个小房间，原在那里的两位同学与四名走读生合并，鹊巢鸠占，我们倒成了这间宿舍的主人。

那是6月间发生的事情。从此，我结束了走读生活。“走读生”在中文系也成为了一个历史名词，渐渐被人淡忘。我们开始融入班级这个集体中，而期末考试已经临近……

1997年1月18日于西三旗新居

（原载1998年第6期《中华散文》）

我的大学时代

余秋雨

1963年我十六岁，高中毕业。高中毕业的体验是永远无法重复的。一群既可称为少年也可称为青年的人突然要为自己做出终身选择了，选择的范围又毫无限制。你说将来想做中学语文教师、图书馆管理员，或外科医生、国际海员而去报考相应的专业，周围没有人会笑你。人的一生就这么短短的个把月时间的无限制状态，今后到死也不会再有了。照理父母和老师应该来限制一下，但他们那时也正在惊喜自己培养的成果怎么转眼之间拥有了那么多可能，高兴得晕颠颠的，一般也拿不定主意。于是，在那个绝对不应该享有那么大决定权的年岁，做出了不知轻重的决定。那个夏天那么烦热又那么令人兴奋，只有树上的知了幸灾乐祸地叫着，使很多人成年后不愿再回忆这种叫声。

与很多男孩子一样，我照例也有两个小伙伴，一个姓丁，一个姓张，成绩都很好，相信只要自己愿意，任何一所大学都考得上。一天在操场边上商议，现在报考的大学分三类，一类为理工科，二类为医科，三类为文科，我们三人，如果各报一类，二十年后一起周游世界，走到哪里都没有不懂的事情了，那该多痛快！

这个想法很吸引人，立即通过，而且决定，一定要选每一类里最好（也就是最难考）的学校。那么，三类怎么分工呢？用三张小纸写上号码，折成小球住上一抛，抓阄。丁抓到了第一类，很快打听明白，最好的是清华大学，张抓到了第二类，经过衡量也做出了决定，当时最难考的医科是第二军医大学；我抓到了第三类，可恨的文科，该选哪个大学呢？三个人都苦恼开了。

肯定不能考名牌大学的中文系。为什么三个人如此快速地一起做出这种判断，现在回想起来还不大能够理解。大概是觉得中文系里闹不出一个极有意思的工作，或者是觉得我们在中学早已把《离骚》《论语》和几十篇古文背得滚瓜烂熟，难道大学里再去做这么令人厌烦的事？张同学说：“我刚读过郭沫若的自传，连他也没有上过中文系！”丁同学说：“巴金也没有。”

那天的初步意向，我应该报考外文系，至于哪个大学的外文系最好，还要分头打听。

但第二天发生了一件事情。班主任孙老师把我找去了，他身边站着一位我不认识的瘦瘦的老师，自我介绍是上海戏剧学院来的。“我们学院要以最高的要求招收戏剧文学系的一个班，现在已有几千人报名，只招三十名，但我们还怕遗漏了最好的，听说你在全市作文比赛中得了大奖……”

没等他说完我就急着问：“那你们是不是今年全国文科大学中最难考的？”

“还没有做这种排列。”老师说，“你知道郭沫若先生吧？”

“知道。”我回答，心想昨天张同学才提起过他。

“郭沫若以中国科学院院长的身份兼任了中国科技大学校长，他在这个大学高年级里发现了一个能写剧本的高才生，立即决定中止他的学业，转到我们学院来读书。”

“你是说，连中国科学院院长也认为，科学技术没有戏剧文学重要？”我的班主任孙老师惊讶地问。

“我可没有这么说。”上海戏剧学院的老师含蓄地笑了一下，“但是科技大学的这位高年级学生只能进入我们的一年级，还必须经过严格的考试。”

“如果你来报考，”他把脸转向我，“他是你的竞争对象。”我的脑子开始有点发呆，他又丢过来一句：“你的竞争对象还有巴金的女儿。”

果然还有巴金！昨天我们刚刚说郭沫若和巴金没读过中文系，没想到他们两位不约而同地把学生和子女托付给了上海戏剧学院戏剧文学系。怎么能怀疑这两位长者的判断？我当即下了报考的决心。

戏剧学院是提前考试，一共考了九场，真把人累死。还没有等到放榜，全国高校统考开始了，我当然还应该参加。统考的第一志愿填了军事外语学院，因为听说这个学校毕业后能做外交武官、情报人员，这对一个男孩子来说太刺激了！

不久传来消息，两校都录取了我，戏剧学院抢先一步，拿走了我的档案。军事学院一位姓刘的军官坐在我家里不走了，反复给我父母说，我的英语成绩在今年考生中是第一名，学校决定非要我不可，现在唯一的办法是让我和家长到市招生委员会吵，把档案抢回来。

我父母本来就对戏剧学院没有兴趣，但又平生不会争吵，只得不断写信给招生委员会。姓刘的军官又来了，说写信没有用，得当面去说。父母对我说："这种事由家长去说没有说服力，你自己到招生委员会去一趟吧。"

上海市招生委员会设在同济大学，换了三辆车才找到。那天奇热，进校门前先在马路对面的小银行门口站了好久，怯生生地端详着大门，猜想会见到什么样的人，盘算该讲什么样的话，进了校门后又故意在一幢幢因暑假而闲寂无人的楼房间胡乱穿行，直到培养足了对军事外语学院的热爱，对上海戏剧学院的憎恨，才推开招生委员会的大门。

我才与一位工作人员说了几句，他就笑了，说你爸爸每天寄来一封信，现在都在姚主任那里，就让姚主任与你谈吧。就这样，我轻易地见到了大名鼎鼎的上海市招生委员会主任姚力先生。

姚力先生一脸慈祥，笑眯眯地听我把准备好的那一套讲完，就把笑容收住了，用一种宣判式的语调对我说："我们国家打仗的时间太长，军事人员过剩而艺术人员缺乏，你应该读艺术。"他的语气完全不容辩驳，好一位威严的长者，我看着他发了一阵傻，他也看着我，却不再讲话。结果是我点了点头，起身告别。

如果说郭沫若、巴金还比较遥远，那么，姚力却实实在在地以长者的力量把我推进了戏剧学院。

班级里三十个人，我被分在第一小组。坐在我后面的同学叫曲信先，他就是郭沫若推荐来的那一位；我的邻座叫李小林，巴金的女儿。

不知是该怪学校还是该怪时代，我们入学后遇到的课程实在太差了，差到我根本不敢写信告诉在清华大学和第二军医大学的那两位小伙伴。

专业主课叫"戏剧分析"，分析的第一个剧本是朝鲜的《红色宣传员》，然后是中国的《夺印》和《英雄工兵》，更让人惊异的是所谓分析只讲解思想内容，猛一听全部都是政治课。这些社会上人人都能讲的话，难道就是大学课程？只认为上海戏剧学院以一种最难考的假象把我们骗进去了，于是整天忧郁。一位有革命经历的干部要我们抄写他新创作的剧本，说是给我们一个学习的机会，记得剧本是歌颂一个劳动模范的，一抄之下便大惊失色，对学习的前景更加担心起来。

终于有一位稍有名气的陈汝衡先生来讲古典文学，他用标准的苏北口音教了几个月的平仄和格律之后要我们学写古诗，待我们把作业交上去之后，他着实有点吃惊，连连问："这是你们自己写的？"同学们不禁暗暗一笑，你们忘了是以什么样的标准把我们招来的。

写了几首古诗，古典文学课也就结束了，而那个写劳动模范的剧本还是一稿一稿改，每一稿都由我们抄，抄完后再送到打字间打印，我想这些劳动加在一起，一定远远超过那位劳动模范本身的辛劳了。那天我又一次奉命把剧本送到了打字间，在等候的时间里听到了一段有趣的交谈。几个打字员都是年轻小姐，她们手指不停嘴也不停，在争论全校风度最好的是哪一个教师。她们的争论对象，渐渐从表演系转到别的系，从青年转到老年又转到中年，从男老师转到女老师，最后停留在一个人的名字上不动了，这个人的名字叫张可。

从她们的七嘴八舌中听得出来，张可老师是个传奇性的人物。出身富贵人家，容貌美丽、娴熟英语，莎士比亚研究专家，而居然早在三十年代十几岁时就参加了共产党，从事地下工作，等到1949年共产党夺取政权，她却功成身退，离开组织成了一名普通教师。但是，只要学校有重要外宾来访，总少不了她。高雅的仪容和漂亮的英语每次都让来访者感到有些意外。打字员们说，那时她们总会暂停手上的工作冲出去看，不是看外国人而是看张可老师的，看她的举手投足、言谈风度。

旁听这番议论后不久我们要下乡了，说是不能让我们在高楼深院里成为书呆子，必须到农村参加当时正在开展的"四清运动”。全班同学正好都厌烦了听那些课，觉得再听下去未必成为书呆子却一定成为呆子，于是便欢天喜地打点行装，只有郭沫若推荐来的曲信先同学得了肝炎，不仅不能去，还要由医务室隔离，眼泪汪汪地十分悲伤。

我们去的地方是江苏太仓浏河，每个村去一个教师、一个同学，再搭配一个从附近县乡抽调过来的农村干部。在一堵公布名单的墙上看到，与我一起到一个叫郑家宅的村子里去的农村干部叫李惠民，而教师，就是张可。

十五年后，我在系资料里翻阅杂志，突然读到一篇用中西比较方法研究《文心雕龙》的文章，十分惊叹，却不知作者王元化是什么人。当时正好有上海的一家大报向我约稿，就写了篇读后感寄去。几天后报社编辑亲自来到我家，告诉我这篇读后感不能发表。原因是“王元化的历史问题还没有结论，学术杂志发表他的论文可以，但我们报纸……”

我问：“王元化究竟是谁？”

“你写了文章还不知道他是谁？”那位编辑十分惊讶，“我还以为是由于你和他妻子同在一个学校的关系呢。”

“他妻子在我们学院？”我好奇极了。

“张可嘛！你真的不知道？”

“啊？”这下我倒真是惊呆了。

这些天我有意识地在学校里找到张可老师，谈了这件事，也谈了我对王元化先生文章的评介。张可老师开心地笑着，不断地说：“你太客气了，你太客气了！”

又过了几天，系里的柏彬老师交给我一封厚厚的信，拆开一看，署名王元化。除了约我见面，还谈到以前如何从张可老师那里知道我，其中有一段话，一看之下眼睛一亮，后来不知又默诵了多少遍：

> 尽管身边还有大量让人生气的事，但我可以负责地说，就学术文学研究而言，现在可能正在进入本世纪以来最好的时期。

一位伤痕累累，尚未平反的长者，居然用如此明快的语言作出了世纪性的判断，当时对我的震撼真是非同小可。“可能正在进入本世纪以来最好的时期”——至少有几个月时间我一直念叨着这每一个字，回想着梁启超、章太炎、王国维、鲁迅、陈寅恪，不能不产生一种惶恐，怕大家在热闹中把一个重要的时机辜负。正是这种震撼和惶恐，使我急急地将那部我多次提到过的 H. 克拉克的英文著作作为拐杖，向古代欧洲走去。

这些年在海内外演讲中总会被人频频问起，我从一个戏剧学者转而投身于多方位文化思考的最初动力，我总是回答：十几年前，我收到过一位长者的信。

（原载1998年第6期《各界》）

遥忆大学路

陈思和

在大学一年级的时候，有门基础课是“现代文学作品选读”。任课老师叫邓逸群，她给我们讲鲁迅的《祝福》，纯粹是备课的内容，她引用了许寿裳先生的话，大意是说《祝福》的悲剧，不仅在于狼吃了阿毛，更重要的是旧礼教吞噬了祥林嫂的灵魂。——确切地说，这个回忆是虚拟的，因为我并不在现场。那时是“文革”后恢复高考的第一年，大学招生工作很混乱，复旦大学分两批招收学生，第一批是住读生，1978年的2月份开学，第二批是走读生，仅中文、数学两个系招生，是4月份进校，插入新生班上课。我是属于第二批录取的走读生，比住读生少上两个月的课，所以并没有直接听到邓老师讲《祝福》。——但是她引用的许寿裳先生“名言”肯定已经对听课的同学发生了影响，不久，同学卢新华就在学生宿舍四号楼的二楼壁报上发表了短篇小说《伤痕》，据他说，就是因为听了这句名言后联想到“文革”给人们造成的精神的“伤痕”，有感而发，在写作课上就露了一手。

今天看来，《伤痕》是一篇技术幼稚的习作，但它却讲了一个非常有概括力的故事。主人公王晓华的母亲在“文革”中遭到诬陷，被打成叛徒，王晓华出于单纯和轻信，与母亲划清界限，报名到农村去改造自己。但是她在农村还是经历了许多打击，她一直以为是因为母亲的叛徒问题造成的，所以更加痛恨自己的母亲。有一次她收到母亲的来信，告诉她母亲已经患了绝症，希望弥留之际能见女儿一面，王晓华经过内心斗争后还是决定拒绝去见母亲。直到“文革”结束后，上级把她母亲的平反书正式寄给她时，她才意识到自己受了欺骗，但这时她母亲已经含恨而死，她心灵里留下了永恒的“伤痕”。

小说是用粗糙的文稿纸写成的，贴上墙以后读的人不断，进而就引起了激烈争论。当时的文艺创作仍然处于各种清规戒律之下，虽然没有像后来那样明确规定不准写“文革”题材，但以当时的文艺政策和意识形态而言，大约即使写“文革”故事也只能写一些骂骂“四人帮”迫害老干部的罪行，真正的苦难根本不敢涉及。而《伤痕》则是第一次不表现所谓反“四人帮”的英雄人物，却写了一个受骗上当、害了母亲也害了自己的无知女孩，自然既没有什么“典型性”，也没有什么“光明尾巴”，而且更重要的是这篇小说第一次直面“文革”的灾难。我当时读了非常震动，意识到原来小说能产生这样强烈的现实批判功能。于是我迅速做出反应，写了一篇读后感，用自己的人生体验来证明小说的真实性。写出后也贴在壁报上（这种做法有点像现在的上网）。同学中间评价小说的分歧还是很大，渐渐地，争论从学生传染给教师，系里一些著名的教师也参加了争论。记得在第一教学楼举行的作品讨论会上，教师们比学生还要投入，都争得面红耳赤，几乎挥动老拳，绝没有现在那些拿了红包笑眯眯地捧场的评论家的一脸脏相。那时我们虽然理论很浅薄，但感情却真挚而热烈。当时聪明的系总支书记暗示卢新华去读读1957年的文章，于是我们都去图书馆寻找《组织部新来的年轻人》《在桥梁工地上》《本报内部消息》等作品，阅读之后真是大开眼界，想不到中国当代文学史上还有这样清醒和严肃的作品。依着总支书记的原意，大约是想提醒我们注意历史教训，但是，历史是那样善于遗忘，充满幻想和血性的大学生们不但没有被凶残的历史所吓倒，反而从前辈作家那里找到了知识分子关注现实的传统。

第一学期就在吵吵嚷嚷中结束了。暑假开始，那一年的暑假在中国当代政治史上是至关重要的时刻，但我们却一无所知，我在假期里埋头阅读一本叫《果戈理时期俄国文学概观》的理论著作，非常枯燥乏味，我做了一铁盒的卡片，几年以后都丢掉了。但历史就在这时悄悄走近我们的身边。终于在8月11日，早上打开《文汇报》时，看到了《伤痕》的全文，刊登了整整一个版面，还配上并不高明的插图。后来才听说是比我们高一年级的创作班同学把小说送到报社去的，自然又引起编辑部里的争论，由上海市委宣传部的一位副部长首肯后才公开发表。我不知道这位副部长支持发表《伤痕》，与紧接而来的汹涌澎湃的思想解放运动有没有直接关联，但文艺又一次不自觉地充当了政治思想启蒙的先锋。《伤痕》发表后在社会上激起的反响是巨大的，它把死气沉沉的社会意识形态都搅得沸腾起来，当有些知识分子还在畏畏缩缩地讨论文艺如何反映“社会本质”的时候，民间运动已经把无数血腥与苦难的事实展览出来，证明了那个所谓的时代“本质”是个什么东西。我在兴奋中，就把那篇读后感抄了寄给《文汇报》的文艺部编辑褚钰泉先生，他很快就组织了一个讨论《伤痕》的版面，登了出来。我的文章缘了小说的关系也受到读者的注意，现在我还有一个常来往的朋友，就是在那个时候通信认识的。

我与卢新华有点缘分。我们居然是同年同月同日生的人，而且因为高考又成了同窗。他写小说和我从事评论，大约也都是因为《伤痕》的关系。我们俩兴趣不太一样，所以在大学里交往并不多，但因为这“四同”的关系，感情上自然有了一层特别的信赖。卢新华是个率真热情的人，对生活始终怀有很深的好奇心，与人相交也胸无城府。他后来去了美国，经历了许多周折，现在在洛杉矶的一家赌场里发牌，看多了人生的大赌场，总是念念不忘要写出大作品来，我想，他是走了自己选择的道路，在流浪人生中感悟生活，感悟真谛，又在自食其力下有如闲云野鹤似的浪漫，大约正是一个作家应有的素质吧。而我，则是从那个时候起，开始自觉走上了文学研究和评论的道路。

2000年7月15日于黑水斋

（原载2000年8月7日《新疆经济报》）

我的大学时代

许纪霖

每个人在其一生当中，都有一个人格成熟期，那段时间他的生活经历，决定了他一生的精神人格，甚至形成了某种情绪。我不知道，这样的说法在心理上有没有根据，但我自己的人生经验很可以证明这一点。

我的精神人格，是在大学年代形成的。四年大学生活，可以说是我的精神摇篮。

中学毕业以后，我曾经下过乡。农场三年，基本是混日子。可以说，心灵底处，还是一张有待抹画的白纸。

1977年，邓小平决定恢复高考，对我这样在农场待得无聊的人来说，等于提供了一个跳龙门的天赐良机。那时候，熟人见面，总是问“你高考了吗？”就像问“你吃饭了吗？”一样流行。我对自己考上大学真是踌躇满志，志在必得。可能是家庭遗传的因素，我从小喜欢读书，即使在“读书无用论”甚嚣尘上的年代，也以读书为乐。中学四年，每次考试，门门一百分（换到如今，面对以作弄考生为业的怪题、偏题，我大概也只有投降的份了！），唯一的失手，是一次数学考试，漏点了一个小数点，考一个九十九点五分，让我难过了好几天。幸而数学老师给我面子，期末总分算我一百分，勉强保了金身。而来到农村，三年光阴，闲得无聊，正好读了不少闲书——这样的底子，还怕考不进大学？！

偏偏命运要捉弄我一回。发榜的时候，竟然没有我的名字！连公认比我差的同事，都一个个笑盈盈拿到入学通知书。怎么回事？我想不通。当时的成绩是保密的，直到后来我进了大学，才知道，实际上我考得并不差，四门科目，总分为三百四十九分，平均每门八十七分，其中，数学还考了个满分。我的成绩，在当时属于高分一类。为什么一开始没有录取呢？至今，这还是一个谜——那年头百废待兴，拨乱反正刚刚开始，你无法解释好多个为什么。不像现在的电脑排名，从高分到低分，绝对公平。

看着一个个幸运儿眉开眼笑地离开农场，我简直觉得无法见人，只能灰溜溜地准备来年再考。真是柳暗花明，绝处逢生。一个月后，我收到了大学补充录取通知书！原来，李春光先生给邓小平写了封信，大意是第一届高考考生质量实在太好，是否可以扩大招生。老人家大笔一挥“同意”。我就这样被扩招进来了！

唯一让我美中不足的是，录取我的是华东师大的政治教育系。这不是我所向往的志愿。说到志愿，还有段小故事。我在中学有一个十分十分要好的同学，叫陈乃群，我俩中学四年，基本形影不离。在班级里，成绩也是双峰并峙，门门一百分。私下里，我一直以为他比我聪明，我妈经常对我说："你成绩好，是用功用出来的，你看人家陈乃群，书也不怎么看，考试哪次比你差？"我俩那样要好，还有一个原因，乃志同道合，都写得一手好作文，立志当一个文学家。那个年头，文学家地位之崇高，其风头要远远压过今日的比尔·盖茨。比文学家更诱惑我们的，是当记者。于是，在填高考志愿的时候，我俩共同约定：第一志愿填复旦新闻系、中文系。第二志愿填华东师大中文系。这一年，在上海考文科可以选择的高校只有这两个，我最后加了一个华东师大历史系，才将四个空格填满。

因为经过了可怕的政治运动，许多人很不愿意自己的子女以后吃文字饭，觉得还是吃技术饭比较保险。陈乃群的母亲特地从湖北赶来，阻止儿子报考文科，他抗争了半天，最后还是抗不过母命，只好与我分道扬镳，进了复旦大学物理系。后来读到博士毕业，移民美国，改行当了一名电脑软件设计师。前几年回国我们见面时，回忆起这段往事，都感叹不已。假如当年没有母亲的阻拦，凭他的聪明、敏感，焉知中国文学界不会多一位重要级人物？人生无常，机遇如云，一个偶然，就为你定了终身。

我也是如此。一纸政治教育系的录取通知，早早粉碎了我的文学梦。怀着半是喜悦、半是遗憾的复杂心情，我来到华东师大报到。美丽的丽娃河，以她的恬静、妩媚和宽容向我张开了欢迎的怀抱。我的心情平静了许多。我喜欢这个校园，喜欢这个充满知性、灵感和诗意的地方。最重要的是，我终于成为了一名大学生。

1978年初春，那还是一个对知识、大学和大学生充满崇敬的年代。学校发给我们的校徽：白底、红字，是书法家舒同题写的校名。在那一年，没有什么比戴一个校徽走在大街上更令人神气的了。所有的人都会投以羡慕的眼光——大学生！你的感觉，不比如今的高级白领驾驶着一辆奔驰或宝马掠过街面要差，而且更好——今天的白领没有我们当年那份神圣的感觉。

我们七七级是“文革”后恢复高考以后第一届大学生，这一届华东师大的学生，可谓精英荟萃，人才济济。学校知道，这批新来的七七级大学生，与以前推荐入学的工农兵大学生不一样，个个都非等闲之辈。于是调集、配备了最好的老师来给我们上课。在我们系，当初有几个著名的大学者，可惜的是，当时我还太年轻，心浮气躁，全然掂不出大师的分量，他们讲了些什么，如今竟然一点也记不得了。像徐怀启老先生，记忆之中，依稀残存的，只是一个穿着中式棉袄的老人，癯瘦、疲惫、不苟言笑，时时在黑板上写下一串陌生的英文和古希腊文，让我们感觉敬畏。课完之后，也没有什么学生提问。过了一两年，就听说老先生去世了，他离开人世之前，想必很寂寞。

至于其他老师，特别是年轻一点的，据说特别怕我们，怕我们这批七七级的大学生。我至今记得，他们在讲台上那种胆怯、不自在的神情。我的同学中，有些人很有些身份和阅历，有当过公社书记、兵团党委常委、街道主任的；不仅是党员，而且还是党的基层组织负责人，自然有点自命不凡。有一位姓薛的老师，教我们中共党史，他在上课时总是很喜欢说“我们党如何如何”。一位学生老党员就在底下，轻蔑地嘲笑他：“我们党？哼，你还不是党员呢！”

我所在的班级，大多是老三届，不少已经结婚，有了孩子，最年长的是我们的班长，1946年生人，入学那年已经三十二岁。而年龄最小的同学，只有十九岁。班长就经常开玩笑，对那个小同学说：“我生都能生出你来！”四十多个同学当中，我排行倒数第七，属于小字辈人物，没有什么人在意你。倒也落了个轻松。

在班级里，我的成绩始终不是最优秀的。考试在任何年代都是死记硬背，班级里就有几个这方面的高手，永远可得高分。我偏偏头生反骨，任何问题喜欢多想一点点，喜欢标新立异。碰到开明的老师，会鼓励我一番，但有些比较死板的老师，就不愿给我高分了。好在我也不在意。大学四年，真正在课堂上，倒没有学到多少东西。我做学问，一直无“家法”可言，属于“野路子”那一类，这个毛病，就是大学时代种下的祸根。

那么，我的知识是从哪里来的呢？一言以蔽之，图书馆。

课堂里面的东西还是那样的陈旧，真正吸引我们的，是外面知识界出现的各种新思潮和新理论。学校有一个很好的图书馆。下课以后，只要有空，我就往图书馆钻，特别是期刊阅览室，那些解放我们封闭心灵的新思潮、启蒙文章，最早都是出现在诸如《读书》《未定稿》这样的刊物上。

除了图书馆，最常去的地方就算书店了。书店坐落在河东大礼堂附近的角落里，门面很小，一个开间。我们常常利用课间十五分钟的休息，去看看有何新书。教室在河西，要来回跑步才赶得上。即使这样，也乐此不疲。要知道，那个时候的新书，比如李泽厚的《中国近代思想史论》、托尔斯泰的《安娜·卡列尼娜》实在比如今股市中的新股还紧俏，你晚到一步，就会遗憾终生！

那真是一个知识饥渴的年代。在我身体发育的时候，正好碰上三年自然灾害，而当我精神发育的当口，又是知识饥渴的时代！我们这一代学者，在学问上先天不足，后天失调，多问题意识，少学理基础，多少是大学时代落下的病根。每当我意识到这一点，就感慨万千，在课堂上多少次为我的学生现身说法，羡慕他们如今的读书条件多么好，谆谆教导他们千万珍惜，多去图书馆，多读点书——但我的学生在台下望着情绪激动的我，每每露出迷惘的表情，好像是听一段史前史的古老传说。

（原载2003年第10期《视野》）

我的大学

许道明

我的大学，绝没有高尔基那样的痛苦，老实说，滋味特别，好像倒有些高尔基那样的漂泊动荡。

十八岁那年，在初秋多风干燥的阳光里，我第一次踏进复旦大学的大门。没有阿纳托尔·法朗士所说的“天空变得动荡不安”的感觉，劈头想到的却是小学一年级读过的第一课：“开学了，学校里同学很多。”实在匪夷所思，或许唯一的原因是从未离过家，我想起了自己的母亲。当年进小学，有过正儿八经的考试，此番进大学，嘿，复旦大学呀，当然更是免不了正儿八经的。学校里同学固然很多，大伙都刚刚经历“过五关斩六将”，那时时兴说“站出来让祖国挑选”。同学实在不少，几乎人人一脸的十足神气，全然没有比我们晚六七年入学的大学生们成色驳杂，也许更没有他们中间某些人终生难忘的“蒙受屈辱”或“感谢恩赐”。

当年的复旦大学还没有钢筋水泥砌成的围墙，竹子编成的高高篱笆，随便涂上了些漆黑的柏油，从邯郸路桥一溜排向国定路。学校的大门，正对着国权路，邯郸路200号，篱笆上破了个十来米的大窟窿，仿佛随随便便竖起了两根水泥柱，左右两扇边门，中间安道正门，靠东边柱子上挂着有“复旦大学”字样的木牌。进得大门，一条五六十米的直道，伸向第一教学楼，当时叫1200号。直道两旁是简陋已极的木质布告栏，绝对不是明晃晃的而当今又常见的玻璃橱窗。这是很叫人扫兴的，难道这就是名声显赫的复旦大学？恕我实话实说，当时仿佛有些上当受骗的感觉。清华大学毕竟是水木清华之地，从照片上已经领略过“清华园”的气魄，由电影《停战以后》，我也记住了北京大学燕园校门的古色古香。就是从上海的几所大学看，上海交通大学校门的典雅令人仰慕，华东师大尤其叫人艳羡，堂堂皇皇，大门里边的那条笔直的大道，两旁是硕茂的法国梧桐，树冠相拥相吻，清晨的阳光从叶片的间隙里筛下，迷迷离离的。哼，复旦大学！

记得上小学时，我是由老娘牵着进的校门。老娘将我一个人留在一群陌生的小伙伴中间之后，我似乎也体验过霍普特曼所说的“昏昏沉沉的顺从就取代了绝望”。时光过去十二年，情景已大不同，我自己拎着箱子，背着书包住进了复旦大学，一副颇有阅历的样子。我的同伴多半也是如此，甚至还有挑着担或行李前后搭肩的，很有些码头上跑单帮的风色。这在我，直到今天还是唯一的骄傲，或许径直是难掩的寒碜。作家陈村喜欢写自己的故事，他比我们晚些了，是七七级，据他说，他入学那天是由别的什么人用卡车送去的，已经有很大的进步。陈村之后，情景更是不同。每年的八月底或九月初，新生入学的日子，校门外车辆黑压压的一片，像陈村所用的卡车自不待言，大小面包车，各色轿车，还有叫不上名称的，几近车辆博览会。至于人嘛，不再只是“同学很多”，像赶集逛庙会，人山人海，熙熙攘攘，年岁不一，性别不一，口音不一。这是上海的一家子，那是海南的，川西的，东北的，新疆的，昆明的……所有被送者通常指手画脚，满头满脸的飞扬，而唠叨不休，忙得屁颠屁颠的是那些已经不太年轻的送行者——父亲和母亲，甚至还是鬓发雪亮的奶奶和外婆。于是乎，学校里和学校四周的各色服务行业也红火起来，疯了似的绝不放过一年一度的营业增长点。

“欢迎来自全国各地的新同学”，唯有这条标语，今天与三十多年前，一模一样。此外，高年级同学组织起迎新队伍，已成万劫不易的传统。更有万世无疆的呢，那些身负迎新重任的男学生特别紧张，也特别辛苦，可不能漏过一个漂亮的女新生呵！耐心地守候，通常像兔子似的，也像邻居家的那条叫不上名儿的狗，猎上一个，赶忙地上前招呼，抢着搬运行李，废话不迭大汗淋漓地帮着排忧解难。稍稍有些区别的是，当时还得顾及“阶级感情”，点面不宜分隔，团结大多数嘛；而当今则力量集中，盯上一个，心无旁涉，锲而不舍，忙着交换地址，留下电话号码，然后，像那位《再别康桥》中的多情诗哲，潇洒地挥挥手，不过不是飘忽如梦幻的一声“再见”，而是一步一回头，大着舌头来上若干个的“拜拜”“拜拜”。

难以挤进照顾和青睐之列的我等男生，只得自己解放自己了。好像也没有围成一团话凄凉的，多半显得轻松，很大气的样子，怀着发现新大陆的兴趣窥探起前后左右来。大家都差不多，护卫着一个纸板箱的家当，几本破书另加杂七杂八的，即便不是纸箱，也拿不出稍稍起眼的玩意儿来。身着家织白土布的，光着脚丫的自然最显眼，多数是灰白参半的衬衫，长袖短袖大体各居一半。到得宿舍，卸下衣衫，背心与光膀子仍然平分秋色，各自在水龙头下连头带脸哗啦洗了一通，连同把进得校门时的委屈也洗了个精光，咧开了嘴，心里大概都叫着“哈，大学生啦”，美滋滋的。有人好像老盯着我，那人精瘦但结实，略长的脸庞，斯斯文文的，唯两撇眉毛在烦难或兴奋时，会有一种向着“十点十分钟”的态势分布，眉宇间劈有一道不短的伤痕，给他平添了些许刚毅。他终于开了口，通报姓名后补充说：“宝山月浦人”。我将自己的姓名作了回敬，对等地说了“青浦人”。他乐了，“我们的老家都有一个‘浦’字”。不是吗？唐代杨发有“何处迷鸿离浦月，谁家愁妇捣霜衣”句，美不可言；宋代王安石的“新霜浦溆绵绵净，薄晚林峦往往青”，也颇能催人遐想。就此，我们这两个傍“浦”长大的青年算是订了交，在日后的三十多年间，虽不乏斜风细雨，却彼此总能莫逆于心，像两头羊一样的亲善，在那些阴晴变幻的日子里，一块儿吃草，一块儿拉屎，又一块儿老去。

高年级最终猎不上“狗儿”的，陆陆续续开始了他们对我们的慰问，差不多在问过姓甚名谁、何方人氏和哪所中学出身之后，就是清一色的“你为什么要考中文系？”口气半是得意半是严厉，一派倨傲，独少温和。这些在我后来数十年的日子里始终保留着相当深刻的印象，不时启发我观赏读书人圈内的形象，咂摸其间的滋味、等级森严，优越感莫可名状。“月浦”兄用一般文学爱好者的口气说，他喜欢唐宋诗词，平实得紧，给人印象特别诚恳，显示了他最初的公关才具。我的回答是文学评论，看来漂亮些，很有些前卫的风色。提问人的眼睛忽然亮了一下，是称许吧，未可知。但他直到今天也许还不清楚，我早在一个小时前就看到他在新来的女同学中间钻进钻出，也毫不含糊地发现他最终没有找上一个愿意与他搭腔的。我读过巴人的《文学初步》，季莫菲耶夫，我也知道，比我早进一年而已，朋友，不必神气！说真的，我还正为你一小时前的遭遇可怜呢。这类的思度方式，日后为我赢得了朋友的钦佩，也给我一生带来了挥之不去的麻烦。

就这样，在1964年的初秋，我和另外八十来个素不相识的男女聚集到了同一个屋檐下，然后在一起度过了整整六个春秋。这一帮人来自从来互不相干的地方，程度也颇参差，但多数是工农出身的子弟。大家很是为自己庆幸，也开始情难自禁地“了不起”起来，不过有人还难免会想到那些奔赴新疆或者还流落在社会上的同学，想到他们昔日的种种，他们的聪敏，他们的努力，甚至包括他们所遭遇的不平。

复旦校门终于在第二年改观了，为庆祝建校六十周年，在老校门的东边重建了一座新门楼，比旧校门漂亮得多了，也就是现在的复旦大校门。我们为此出过力，搬砖平地敲石子的事情做过不少，历史系的一位同学竟为此献出了年轻的生命。至今在这座门楼进进出出的小伙子大姑娘，怕是无法想象他们前辈所洒下的汗水，当他们为进得复旦而骄傲的时候，当他们为复旦朝着世界一流大学奋进的时候，或者说得平常些，他们与同学亲友在这座门楼前摆出姿势摄影留念的时候，有几多人还能知道这座门楼背后的故事呢？

［录自《挽歌的节拍：复旦纪事（1964—1970）》，
南方日报出版社，2003年版］

上大学！上大学！

韩小蕙

那是1978年初冬，我踏进南开园已经有两个多月了，入学时的自豪感、新鲜感、陌生感等都已成为明日黄花，同学们都进入了卧薪尝胆、囊萤映雪、头悬梁、锥刺股的苦学苦读境界。

人的一生，看着像一只越飞越高的纸鸢，似乎永远在直线上升，其实不然。以我的切肤之感，生命的长度虽然不短，但也就只是那么几步，若把“机遇”抓住了，把“道儿”走对了，没铸成痛彻心扉的大错，就能算是“幸运儿”，就必须要拼命地感激上苍的恩典！

感谢上苍，有点虚空。于此纪念邓小平同志诞辰一百一十周年之际，我又一次想到自己这辈子最最感恩的一件事，就是当年“文革”结束仅一年多，邓小平同志就以卓越政治家的眼光和胆略，力排“左”倾干扰，决定恢复高考，并以诸多优惠政策，将数十万像我一样的青年“工农兵”送进了大学之门。

今后中国的历史上，再也不会出现我们这奇特的七七级和七八级了，这两届应考的学生中，包括了从1966—1978届在内的十几届高中生和初中生。十年浩劫，大学从1966年起就停止招考了，大约两千万名十几岁的孩子，正是读书求学的青春年华，却没有学上，后来竟通通上山下乡去“接受工农兵再教育”，国家也因此断了人才档。恢复高考这一英明的雄才大略，把中国救了，也把一代嗷嗷待“学”的青年们救了。

以我为例，只上到小学五年级，“文革”就开始了，学校关门，失学在家，野孩子似的整整在家晃荡了两年。后来1968年“复课闹革命”，名义上虽说上了两年半初中，却其实只是挖防空洞、下乡劳动和不停地“斗私批修”、写大批判稿之类，连课本都没有，基本就没学过什么文化课。所以，我上大学前的学历只能说是小学五年级水平。1970年6月，据说是因为上面几届学生插队的插队，去兵团的去兵团，造成北京市各个工厂劳动力严重匮乏，频频告急，所以决定从应届初中生中先抽调一半，提前分配工作（当时北京市还没恢复高中）。于是，刚刚过完十五岁生日的我，就进了北京电子管厂，成为生产线上的一名小青工，一干就是八年。

人生能有几个八年？青春能有几个八年？正是记忆力最好的学习期又能有几个八年？谁还能想到，这辈子还有机会进大学读书？我身边的小工友们，纷纷认了命，不少人成了家，有的早早地就当了爹和妈。

再以我们班为例：全班七十六人，从“老高三”到应届初中生，全有，最大的三十二岁，最小的十六岁，居然差了一半。上学前的身份嘛，有工人、农民、解放军、教师、编辑、售货员、机关干部、学生……五行八作，应有尽有。有好几位都已成家，有了儿子、闺女。还有一位老大哥，他进大学，儿子进小学，成为名副其实的父子兵，在他的家乡和我们班里传为美谈。以我二十四岁进大学、二十八岁毕业的大龄履历，今天多次被我女儿所不理解、不屑、不认同，可当时在我们班里，我却还只能排在中间，算是“蜂腰”吧。

所以，你说，我们怎能不玩命地学习、学习、学习！珍惜这梦一样美的、一生一世再也不可能有的上大学读书的机会。榨干分分秒秒，争取在仅有的四年时间里，补上从小学六年级到高中三年级所缺的七年的课程。还要以优异的成绩，完成大学四年的学业——四比十一，易乎！信乎？

所以，那时我不分冬夏，每天清晨六点起床，略事梳洗，不吃早饭，六点二十分准时迈出宿舍门。有课时就到教室早读，没课时就走向图书馆，一边等待开门一边或背古文古诗，或读英语，或看各种书报杂志。《离骚》全诗就是站在楼道里背下来的，今天想想简直匪夷所思，怎么可能？可当时凭着一股劲儿就硬是背下来了，并且直到现在还能冲口背出第一段。还有《诗经》《楚辞》《古诗十九首》《文心雕龙》《唐宋词一百首》中的某些篇目、片段，等等，都玩命地背了一些——而这些，对于过去的读书人来说，都是四五岁就开始背诵的童子功，可我们二十多岁才开始“恶补”，幸哉？悲哉！

所以，我在南开大学上了四年学，也就是说在天津生活了四年，毕业离开时，根本说不出天津市的东西南北，搞不明白“小白楼”和南市之间有什么区别。我们班大部分同学都如此，也就是上体育课时游游泳、滑滑冰，平时很少娱乐。连吃饭都是匆匆忙忙的，一进食堂就拣短的队伍排。人人一门心思发奋读书——真像从精神到身体，都虔诚到家、模范到家、彻里彻外的苦行僧。

所以，学校图书馆门前，每天早上没开门前就拥满了人，得在一开门时就冲进去占座，稍晚一会儿就没地方了。这也是因为当时全社会都有苦读风气，书店门前经常排起长龙，一排就是三五里地远，什么《基督山恩仇记》《茶花女》《悲惨世界》……多少年都没见过这种书了，一开禁，人人都兴奋得像小孩子买炮仗一样，抢着买，比着买，买回家来，全家老少个个笑逐颜开，争着读，不撒手！回想起那些日子，真像天天下金雨似的，舒心，痛快，那才是真正的高大上！我记得清清楚楚，一套十三卷本的《莎士比亚全集》，一共才十三块多，同学抢购回来时，神采飞扬，眉毛扬得高高的，眼睛放着光，简直就像是把大英帝国的皇杖拿回来了！

今天，当我重新回忆起这些往事，胸中还隐隐有着莫名的激动。时间已经过去快四十年了，我心里真是百感交集：既有如春天的暖湿空气吹过碧绿的河面，温煦地荡漾起缅怀、向往、留恋的涟漪；又仿佛夏日山洪倾泻过来了，平地升腾起“人生易老，时光不再”的排浪，就起起浮浮泛起了丝丝缕缕的忧郁和浓浓密密的惆怅……这些，都不是今天人手一机的“低头族”们所能理解的。但三十多年的中国社会巨变可以作证：七七级、七八级们为改革开放做出了属于自己的贡献——为此，在我们不事张扬的内心深处，永存着一份自豪与骄傲！

（录自《谈艺问源》，生活·读书·新知三联书店，2015年版）

辑三

心中的母校

红楼点滴一

张中行

民国年间，北京大学有三个院：一院是文学院，即有名的红楼，在紫禁城神武门（北门）以东汉花园（沙滩的东部）。二院是理学院，在景山之东马神庙（后改名景山东街）路北，这是北京大学的老居址，京师大学堂所在地。三院是法学院（后期移一院），在一院之南北河沿路西。红楼是名副其实的红色，四层的砖木结构，坐北向南一个横长条。民国初年建造时候，是想用作宿舍的，建成之后用作文科教室。文科，而且是教室，于是许多与文有关的知名人士就不能不到这里来进进出出。其中最为大家所称道的当然是蔡元培校长，其余如刘师培、陈独秀、辜鸿铭、胡适等，就几乎数不清了。人多，活动多，值得说说的自然就随着多起来。为了把乱丝理出个头绪，要分类。其中的一类是课堂的随随便便。

一般人谈起北京大学就想到蔡元培校长，谈起蔡元培校长就想到他开创的风气——兼容并包和学术自由。这风气表现在各个方面，或者说无孔不入，这孔自然不能不包括课堂。课堂，由宗周的国子学到清末的三味书屋，规矩都是严格的。北京大学的课堂却不然，虽然规定并不这样说，事实上总是可以随随便便。这说得鲜明一些是：不应该来上课的却可以每课必到，应该来上课的却可以经常不到。

先说不应该上课而上课的情况。这出于几方面的因缘和合。北京大学不乏名教授，所讲虽然未必都是发前人之所未发，却是名声在外。这是一方面。有些年轻人在沙滩一带流浪，没有上学而同样愿意求学，还有些人，上了学而学校是不入流的，也愿意买硬席票而坐软席车，于是都踊跃地来旁听。这也是一个方面。还有一个方面是北京大学课堂的惯例：来者不拒，去者不追。且说我刚入学的时候，首先感到奇怪的是同学间的隔膜。同坐一堂，摩肩碰肘，却很少交谈，甚至相视而笑的情况也很少。这由心理方面说恐怕是，都自以为有一套，因而目中无人。但这就给旁听者创造了大方便，因为都漠不相关，所以非本班的人进来入座，就不会有人看，更不会有人盘查。常有这样的情况，一个学期，上课常常在一起，比如说十几个人，其中哪些是选课的，哪些是旁听的，不知道；哪些是本校的，哪些不是，也不知道。这模模糊糊，有时必须水落石出，就会近于笑谈。比如刘半农先生开“古声律学”的课，每次上课有十几个人，到期考才知道选课的只有我一个人。还有一次，听说是法文课，上课的每次有五六个人，到期考却没有一个人参加。教师当然很恼火，问管注册的，原来是只一个人选，后来退了，管注册的人忘记注销，所以便宜了旁听的。

再说应该上课而不上课的情况。据我所知，上课时间不上课，去逛大街或看电影的，像是很少。不上有种种原因或种种想法。比如有的课不值得听；有的课，上课所讲与讲义所写的无大差别，可以不重复；有的课，内容不深，自己所知已经不少；等等。这类不上课的人，上课时间多半在图书馆，目的是过屠门而大嚼。因为这样，所以常常不上课的人，也许是成绩比较好的；在教授一面，也就会有反常的反应，对于常上课的是亲近，对于不常上课的是敬畏。不常上课，有旷课的处罚问题，学校规定，旷课一半以上不能参加期考，不考不能得学分，学分不够不能毕业。怎么办？办法是求管点名（进课堂看座位号，空位画一次缺课）的盛先生擦去几次。学生不上课，钻图书馆，这情况是大家都知道的，所以盛先生总是慨然应允。

这种课堂的随随便便，在校外曾引来不很客气的评论，比如，北京大学是把后门的门槛锯下来，加在前门的门槛上，就是一种。这评论的意思是，进门很难；但只要能进去，混混就可以毕业，因为后门没有门槛阻挡了。其实，至少就我亲身所体验，是进门以后，并没有很多混混过去的自由，因为有无形又不成文的大法管辖着，这就是学术空气。说是空气，无声无臭，却很厉害。比如说，许多学问有大成就的人都是蓝布长衫，学生，即使很有钱，也不敢西服革履，因为一对照，更惭愧。其他学问大事就更不用说了。

时间不很长，我离开这个随随便便的环境。又不久，国土被侵占，学校迁往西南，同清华、南开合伙过日子去了。一晃过了十年光景，学校返回旧居，一切支离破碎。我有时想到红楼的昔日，旧的风气还会有一些吗？记得是1947年或1948年，老友曹君来串门，说梁思成在北大讲中国建筑史，每次放映幻灯片，很有意思，他听了几次。下次是最后一次，讲杂建筑，应该去听听。到时候，我们去了。讲的是花园、桥、塔，等等，记得幻灯片里有苏州木渎镇的某花园，小巧曲折，很美。两小时，讲完了，梁先生说："课讲完了，为了应酬公事，还得考一考吧？诸位说说怎么考好？"听课的有近二十人，没有一个人答话。梁先生又说："反正是应酬公事，怎么样都可以，说说吧。"还是没有人答话。梁先生像是恍然大悟，于是说："那就先看看有几位是选课的吧。请选课的举手。"没有一个人举手。梁先生笑了，说："原来诸位都是旁听的，谢谢诸位捧场。"说着，向讲台下作一个大揖。听讲的人报之以微笑，而散。我走出来，想到北京大学未改旧家风，心里觉得安慰。

（录自《负暄琐话》，黑龙江人民出版社，1986年版）

红楼点滴二

张中行

点滴一谈的是红楼散漫的一面。还有严正的一面，也应该谈一谈。不记得是哪位先生了，上课鼓励学生要有求真精神，引古希腊亚里士多德改变业师柏拉图学说的故事，有人责问他不该这样做，他说："吾爱吾师，吾更爱真理。"红楼里就是提倡这种精神，也就真充满这种空气。这类故事很不少，说几件还记得的。

先说一件非亲历的。我到北京大学是三十年代初，其时古文家刘师培和今文家崔适已经下世十年左右。听老字号的人说，他们二位的校内住所恰好对门，自然要朝夕相见，每次见面都是恭敬客气，互称某先生，同时伴以一鞠躬；可是上课之后就完全变了样，总要攻击对方荒谬，毫不留情。崔有著作，《史记探源》和《春秋复始》都有北京大学讲义本，刘著作更多，早逝之后刊为《刘申叔先生遗书》，可见都是忠于自己的所信，当仁不让的。

三十年代初，还是疑古考古风很盛的时候，同是考，又有从旧和革新之别。胡适写了《中国哲学史大纲》上卷，在学校讲中国哲学史，自然也是上卷。顺便说个笑话，胡还写过《白话文学史》，也是只有上卷，所以有人戏称之为“上卷博士”。言归正传，钱宾四（穆）其时已经写完《先秦诸子系年考辨》，并准备印《老子辨》。两个人都不能不处理《老子》。这个问题很复杂，提要言之，书的《老子》，人的“老子”，究竟是什么时代的？胡从旧，二“老”就年高了，高到春秋晚年，略早于孔子；钱破旧，二“老”成为年轻人，晚到战国，略早于韩非。胡书早出，自然按兵不动，于是钱起兵而攻之，胡不举白旗，钱很气愤，一次相遇于教授会（现在名教研室或教员休息室），钱说：“胡先生，《老子》年代晚，证据确凿，你不要再坚持了。”胡答：“钱先生，你举的证据还不能使我心服；如果能使我心服，我连我的老子也不要了。”这次激烈的争执以一笑结束。

争执也有不这样轻松的。也是反胡，戈矛不是来自革新的一面，而是来自更守旧的一面。那是林公铎（损），人有些才气，读书不少，长于记诵，二十几岁就到北京大学国文系任教授。一个熟于子曰诗云而不识 abcd 的人，不赞成白话是可以理解的。他不像林琴南，公开写信反对；但又不能唾面自干，于是把满腹怨气发泄在课堂上。一次，忘记是讲什么课了，他照例是喝完半瓶葡萄酒，红着面孔走上讲台。张口第一句就责骂胡适怎样不通，因为读不懂古文，所以主张用新式标点。列举标点的荒唐，其中之一是在人名左侧打一个杠子（即专名号），“这成什么话！”接着说，有一次他看到胡适写的什么，里面写到他，旁边有个杠子，把他气坏了；往下看，有胡适自己的名字，旁边也有个杠子，他的气才消了些。讲台下大笑。他像是满足了，这场缺席判决就这样结束。

教师之间如此。教师学生之间也是如此，举两件为例。一次是青年教师俞平伯讲古诗，蔡邕所作《饮马长城窟行》，其中有“枯桑知天风，海水知天寒”两句，俞说：“知就是不知。”一个同学站起来说：“俞先生，你这样讲有根据吗？”俞说：“古书这种反训不少。”接着拿起粉笔，在黑板上写出六七种。提问的同学说：“对。”坐下。另一次是胡适之讲课，提到某一种小说，他说：“可惜向来没有人说过作者是谁。”一个同学张君，后来成为史学家的，站起来说，有人说过，见什么丛书里的什么书。胡很惊讶，也很高兴，以后上课，逢人便说：“北大真不愧为北大。”

这种站起来提问或反驳的举动，有时还会有不礼貌的。如有那么一次，是关于佛学某问题的讨论会，胡适发言比较长，正在讲得津津有味的时候，一个姓韩的同学气冲冲地站起来说：“胡先生，你不要讲了，你说的都是外行话。”胡说：“我这方面确是很不行。不过，叫我讲完了可以吗？”在场的人都说，当然要讲完。因为这是红楼的传统，坚持己见，也容许别人坚持己见。根究起来，韩君的主张是外道，所以被否决。

这种坚持己见的风气，有时也会引来小麻烦。据说是对于讲课中涉及的某学术问题，某教授和某同学意见相反。这只要能够相互容忍也就罢了；偏偏是互不相让，争论起来无尽无休。这样延续到学期终了，不知教授是有意为难还是选取重点，考题就正好出了这一个。这位同学自然要言己之所信。教授阅卷，自然认为错误，于是评为不及格。照规定，不及格，下学期开学之后要补考，考卷上照例盖一长条印章，上写：注意，六十七分及格。因为照规定，补考分数要打九折，记入学分册，评六十七分，九折得六十分多一点，勉强及格。且说这次补考，也许为了表示绝不让步吧，教授出题，仍是原样。那位同学也不让步，答卷也仍是原样。评分，写六十，打折扣，自然不及格。还要补考，仍旧是双方都不让步，评分又是六十。但这一次算及了格，问为什么，说是规定只说补考打九折，没有说再补考还要打九折，所以不打折扣。这位教授违背了红楼精神，于是以失败告终。

（录自《负暄琐话》，黑龙江人民出版社，1986年版）

红楼点滴三

张中行

点滴一谈散漫，二谈严正；还可以再加一种，谈容忍。我是在中等学校念了六年走入北京大学的，深知充任中学教师之不易。没有相当的学识不成；有，口才差，讲不好也不成；还要有差不多的仪表，因为学生不只听，还要看。学生好比是剧场的看客，既有不买票的自由，又有喊倒好的权利。戴着这种旧眼镜走入红楼，真是面目一新，这里是只要学有专长，其他一切都可以凑合。自然，学生还有不买票的自由；不过只要买了票，进场入座，不管演者有什么奇怪的唱念做，学生都不会喊倒好，因为红楼的风气是我干我的，你干你的，各不相扰。举几件还记得的小事为证。

一件，是英文组，我常去旁听。一个外国胖太太，总不少于五十多岁吧，课讲得不坏，发音清朗而语言流利。她讲一会总要让学生温习一下，这一段空闲，她坐下，由小皮包里拿出小镜子、粉和胭脂，对着镜子细细涂抹。这是很不合中国习惯的，因为是“老”师，而且在课堂。我第一次看见，简直有点愕然；及至看看别人，都若无其事，也就恢复平静了。

另一件，是顾颉刚先生，那时候他是燕京大学教授，在北京大学兼课，讲《禹贡》之类。顾先生专攻历史，学问渊博，是疑古队伍中的健将；善于写文章，下笔万言，凡是翻过《古史辨》的人都知道。可是天道吝啬，与其角者缺其齿，口才偏偏很差。讲课，他总是意多而言语跟不上，吃吃一会，就急得拿起粉笔在黑板上疾书。写得速度快而字清楚，可是无论如何，较之口若悬河总是很差了。我有时想，要是在中学，也许有被驱逐的危险吧？而在红楼，大家就处之泰然。

又一件，是明清史专家孟心史（森）先生。我知道他，起初是因为他是一桩公案的判决者。这是有关《红楼梦》本事的。很多人都知道，研究《红楼梦》，早期有“索隐”派，如王梦阮，说《红楼梦》是影射清世祖顺治和董鄂妃的，而董鄂妃就是秦淮名妓嫁给冒辟疆的董小宛。这样一比附，贾宝玉就成为顺治的替身，林黛玉就成为董小宛的替身，真是说来活灵活现，像煞有介事。孟先生不声不响，写了《董小宛考》，证明董小宛生于明朝天启四年，比顺治大十四岁，董小宛死时年二十八，顺治还是十四岁的孩子。结果判决：不可能。我是怀着看看这位精干厉害人物的心情才去听他的课的。及至上课，才知道，从外貌看他是既不精干，又不厉害。身材不高，永远穿一件旧棉布长衫，面部沉闷，毫无表情。专说他的讲课，也是出奇的沉闷。有讲义，学生人手一编。上课钟响后，他走上讲台，手里拿着一本讲义，拇指插在讲义中间。从来不向讲台下看，也许因为看也看不见。应该从哪里念起，是早已准备好，有拇指作记号的，于是翻开就照本慢读。我曾检验过，耳听目视，果然一字不差。下课钟响了，把讲义合上，拇指仍然插在中间，转身走出，还是不向讲台下看。下一课仍旧如此，真够得上是坚定不移了。

又一件，是讲目录学的伦哲如（明）先生。他知识丰富，不但历代经籍艺文情况熟，而且，据说见闻广，许多善本书他都见过。可是有些事却糊里糊涂。譬如上下课有钟声，他向来不清楚，或者听而不闻，要有人提醒才能照办。关于课程内容的数量，讲授时间的长短，他也不清楚，学生有时问到，他照例答："不知道。"

又一件，是林公铎先生。他年岁很轻就到北京大学中国语言文学系任教授，我推想就是因此而骄傲，常常借酒力说怪话。据说他长于记诵，许多古籍能背；诗写得很好，可惜没见过。至于学识究竟如何，我所知甚少，不敢妄言。只知道他著过一种书，名《政理古微》，薄薄一本，我见过，印象不深，以"人云亦云"为标准衡之，恐怕不很高明，因为很少人提到。但他自视很高，喜欢立异，有时异到等于胡说。譬如有一次，有人问他："林先生这学期开什么课？"他答："唐诗。"又问："准备讲哪些人？"他答："陶渊明。"他上课，常常是发牢骚，说题外话。譬如讲诗，一学期不见得能讲几首；就是几首，有时也喜欢随口乱说，以表示与众不同。同学田君告诉我，他听林公铎讲杜甫《赠卫八处士》，结尾云，卫八处士不够朋友，用黄米饭炒韭菜招待杜甫，杜公当然不满，所以诗中说，“明日隔山岳，世事两茫茫”，意思是此后你走你的路，我走我的路。也许就是因为常常讲得太怪，所以到胡适兼任系主任，动手整顿的时候，林公铎解聘了。他不服，写了责问的公开信，其中用了杨修“鸡肋”的典故，说“教授鸡肋”。我当时觉得，这个典故用得并不妥，因为鸡肋的一面是弃之可惜，林先生本意是想表示被解聘无所谓的。

最后说说钱玄同先生。钱先生是学术界大名人，原名夏，据说因为庶出受歧视，想扔掉本姓，署名“疑古玄同”。早年在日本，也是章太炎的弟子。与鲁迅先生是同门之友，来往很密，并劝鲁迅先生改钞古碑为写点文章，就是《呐喊·自序》称为“金心异”的（此名本为林琴南所惠赐）。他通文字音韵及国学各门。最难得的是在老学究的队伍里而下笔则诙谐讽刺，或说嬉笑怒骂。他是师范大学教授，在北京大学兼课，讲“中国音韵沿革”。钱先生有口才，头脑清晰，讲书条理清楚，滔滔不绝。我听了他一年课，照规定要考两次。上一学期终了考，他来了，发下考卷考题以后，打开书包，坐在讲桌后写他自己的什么。考题四道，旁边一个同学告诉我，好歹答三道题就交吧，反正没人看。我照样做了，到下课，果然见钱先生拿着考卷走进教务室，并立刻空着手出来。后来知道，钱先生是向来不判考卷的，学校为此刻一个木戳，上写“及格”二字，收到考卷，盖上木戳，照封面姓名记入学分册，而已。这个办法，据说钱先生曾向外推广，那是在燕京大学兼课，考卷不看，交与学校。学校退回，钱先生仍是不看，也退回。于是学校要依法制裁，说如不判考卷，将扣发薪金云云。钱先生作复，并附钞票一包，云：薪金全数奉还，判卷恕不能从命。这次争执如何了结，因为没有听到下回分解，不敢妄说。总之可证，红楼的容忍风气虽然根深蒂固，想越雷池一步还是不容易的。

（录自《负暄琐话》，黑龙江人民出版社，1986年版）

“但开风气不为师”

——记我在北大受到的教育

冯　至

我于1921年至1927年在北京大学过了六年的学生生活，又从1946年到1964年在北大过了十八年的教员生活，若是把在昆明西南联合大学七年的教学也算在内，则共有二十五年，因为在组成西南联大的清华、南开、北大三校中，我是属于北大编制的。论时间，我做教员的时期比当学生的时期多三倍甚至四倍；论地点，当年在闹市中不相连接的北大一院、二院、三院，更不能与盛称湖光塔影、饶有园林之美的如今的北大相比。但我经常怀念的是在简陋的校舍里学习的那六年。因为那时，在北大独特的风格与民主气氛的熏陶下，我的思想渐渐有了雏形，并且从那里起始了我一生所走的道路。雏形也许是不健全的，道路也许是错误的，但我却从来没有后悔过，只要提起北大的彼时彼地，便好像感到一种回味无穷的“乡愁”。

人们常说，北大有光荣的历史，实际上北大早期的历史（即京师大学堂时与改称北京大学后的初期）并不光荣，而是很腐败的。学校里不知学术为何物，学生到这里来只为取得将来做官的资格。当时北京前门外的酒楼妓院盛传它们主要的顾客多来自“两院一堂”，“两院”是参议院、众议院，“一堂”是社会上还沿用“大学堂”名称的北京大学，其腐败的情况可想而知了。至于北大发生质变，成为五四运动的发源地，成为新文化运动的先驱，则是从1917年蔡元培来北大任校长起始的。读蔡元培晚年写的《我在北京大学的经历》和《我在教育界的经验》二文，便会知道，蔡元培是怎样以坚决的气魄按照自己的教育理想，改造北京大学的。他来到北大，一步也不放松，采取一系列对症下药的措施进行改革，北大也日新月异，逐渐显示出新的风貌。蔡元培的为人则蔼然可亲，从容不迫，从来不表现他有什么赫赫之功。他延聘的教师，有的革新，有的守旧，有的反对旧礼教，有的维护儒家正统，只要他们言之成理，持之有故，都听凭他们在课堂上讲授，何去何从，让学生判断，自由选择。不同主张的教师们尽管争辩得不可开交，甚至水火不能相容，可是对于蔡元培，都是尊敬的。作为一个校长，这是一种多么感人的力量！所以不到两三年，北大便从一个培养官僚的腐朽机构一变而为全国许多进步青年仰望的学府。我并不怎么进步，却也怀着仰望的心情走进北大的校门。

我不记得胡适在什么地方引用过龚自珍《己亥杂诗》里的

一句诗“但开风气不为师”，表现他自己的主张，但在某种意义上这句诗也可以看作是当时北大的校风。龚自珍写《己亥杂诗》时，正当鸦片战争的前夕。他看到国是日非，读书人只一味地学讲师承，文宗流派，这都无益于国计民生，更重要的是唤人觉醒，打破万马齐喑的局面。辛亥革命后的六七年内，跟龚自珍的时期有些相似。反动的封建势力步步不肯退让，接连不断地演出袁世凯称帝、张勋复辟的丑剧。人们的思想窒息，生活麻木，在阴暗而闭塞的屋子里，迫切需要打开窗子放进新鲜的空气。北京大学的变革对当时的中国社会的确起了开风气的作用。

我刚到北大时，首先感到惊讶的是，我旧日对《新青年》《新潮》《少年中国》等著名刊物的撰稿者都很钦佩，如今其中有不少人名列在北大教师的队伍中。我顿时觉得北大真是气象万千，别有天地，从此可以亲聆那些人的教诲了。但事实并不是我想象的那样。日子久了，我很少看到一个教授或讲师对学生耳提面命，更没有听到过有什么学生程门立雪，表示求教的虔诚。我个人在北大六年也从来不曾想过，认谁为业师，更谈不上我是谁的及门弟子。那么，我所得到的一知半解都是从哪里来的呢？回答说，是北大开放了的风气给我的。

我说一知半解，不是自谦之词，因为我北大毕业时，回顾自己的学业，并没有掌握了什么万能的治学方法，占有什么研究资料，只不过在课堂内或课堂外，关于怎样做人，怎样作文得到过一些启发，而做人与作文又不是能够截然分开的。

蔡元培认为大学里应培养通才，学文史哲与社会科学的要有自然科学知识，学自然科学的要有文史知识，这样不至于囿于一隅。当时北大的预科分文理两部，课程就是根据这个精神安排的。后来我入本科德文系，同时也进修国文系的课程，得以中西比较，互相参照。蔡元培提倡美育，在学校里建立画法研究会、书法研究会、音乐会，我有时听音乐演奏，参观书画展览，开拓了眼界。懂得一点艺术，接受一点审美教育，对于学习文学是有所裨益的。

我是德文系学生，在那里主要是学德语和德语文学知识。在思想上给我影响较多的是国文系的教师。鲁迅在北大国文系，每星期只上一节课，讲“中国小说史”。后来利用这一节的时间讲他翻译的厨川白村的《苦闷的象征》。关于鲁迅上课时的盛况，以及我从中得到的启发和教益，我在《笑谈虎尾记犹新》和《鲁迅与沉钟社》两篇回忆文章里有较详细的记载，不再重复了。但是我不能不从中抄录一句：“他讲课时，态度冷静而又充满热情，语言朴素而又娓娓动听，无论是评论历史，或是分析社会，都能入木三分，他的言论是当时在旁的地方难以听到的。”我还记得鲁迅讲《苦闷的象征》。讲到莫泊桑的小说《项链》时，他用沉重的声调读小说里重要的段落，不加任何评语，全教室屏息无声，等读到那条失去的项链是假项链时，我好像是在阴云密布的寂静中忽然听到一声惊雷。

我喜欢诗，常去听讲诗的课。沈尹默擅长书法，也是诗人，我听他讲唐诗，他有时离开唐诗本文，谈他个人写诗的体验。有一次他谈青年时写诗，很像辛稼轩一首《采桑子》里所说的“爱上层楼，为赋新词强说愁”，并不知道愁是什么滋味。我听了这话，不禁反思，我曾在晚秋时跑到陶然亭，春雨中登上动物园的畅观楼，寻词觅句，说愁诉苦，我又何尝懂得人世间真正的愁苦！想到这里，我对于我本来就很幼稚的诗产生了怀疑。我也听过黄晦闻讲汉魏乐府和六朝诗。黄晦闻是反对新文学的，但他治学严谨，为人耿介，他在他的《阮步兵咏怀诗注》的“自叙”里说，“余职在说诗，欲使学者由诗以明志而理其性情”。一天上课，讲到鲍照的《代放歌行》，这诗为首的两句“蓼虫避葵堇，习苦不言非”，我不记得他是怎样讲解的了，我那时却很受感动。尽管有的注释家说蓼虫指的是小人，不理解旷士的“甜味”，我则宁愿为了自己所要做的工作，像渺小的蓼虫那样，不品尝人间“葵堇”，去过清苦的生活。

我读大学的时期，军阀混战连年不断，北京时而死气沉沉，时而群魔乱舞，可是北大所在的沙滩、北河沿一带，则朝气蓬勃，另是一番景象。尤其是1924年至1926年，《语丝》《现代评论》《猛进》等周刊相继问世，极一时之盛。每逢星期日早晨起来，便听见报童们在街上奔跑叫卖，花两三个铜板买来一份周刊，就能很有心得地度过一个上午。因为这些小型刊物的撰稿人主要是北大的教师和个别的学生。他们通过这些刊物跟读者见面，无拘无束发表各种各样的意见和感想，生动活泼，读起来很亲切。其中不少文章，提倡改革，无所忌惮地批评中国的社会和国民性。周作人介绍英国蔼理斯《性的心理研究》，分析道学家们的肮脏心理。鲁迅对现代评论派的斗争揭开了“正人君子”的本来面目。我从正反两面读这些刊物，进一步体会着道貌岸然的道德家与装腔作势的学者往往是靠不住的人物。可以说，不只是在教室内，更重要的是在教室外，构成了我思想的雏形，培育了我做人的态度和作文的风格。

除个别教师外，我很少听了某教师的课以后还登门请教。至于蔡元培，我在北大学习的六年内，他长期在国外，只有一年零四个月在校办事，其余的时间都由蒋梦麟代行校长职务。我一个普通学生和他更无缘相见，可是我无形中从他那里得到的感召和教益，如前所述，是终生难忘的。

另一方面，我在北大结识了几个朋友，我们志趣相投，哀乐与共，互相砥砺，交流读书心得，共同创办了一个文艺刊物《沉钟》。这刊物在当时热闹的文坛上默默无闻，却得到讲授“文学概论”的张凤举的支持，受到鲁迅的称赞。我从事文学工作，可以说是从这里起步的。近来阅读鲁迅的《华盖集》，在一篇题为《导师》的短文中有这样一段话：“青年又何须寻那挂着金字招牌的导师呢？不如寻朋友，联合起来，同向着似乎可以生存的方向走。”回想那时我们朋友之间的情况，跟鲁迅的教导是相符合的。

限于字数，这里可以结束了。关于我的教师生活，不属于这篇文的范围，但我也想附带着说两句话。在我当教员超过四分之一世纪的时期内，我常常想到孟轲说过“人之患在好为人师”。这句话见于《孟子·离娄章句上》，与上下文毫无联系，不知孟轲为什么冒出来那么一句。后来在《尽心章句下》里又读到“贤者以其昭昭使人昭昭，今以其昏昏使人昭昭”，才恍然大悟，这句话正好是那句话的说明。因此我也告诫自己，我自知赶不上贤者的昭昭，但也不要强不知以为知，“以其昏昏使人昭昭”。

写于1988年1月11日，时为蔡元培一百二十周年纪念日

（录自《冯至全集》第四卷，河北教育出版社，1999年版）

梦萦水木清华

季羡林

离开清华园已经五十多年了，但是我经常想到她。我无论如何也忘不掉清华的四年学习生活。如果没有清华母亲的哺育，我大概会是一事无成的。

在三十年代初期，清华和北大的门槛是异常高的。往往有几千学生报名投考，而被录取的还不到十分甚至二十分之一。因此，清华学生的素质是相当高的，而考上清华，多少都有点自豪感。

我当时是极少数的幸运儿之一，北大和清华我都考取了。经过了一番艰苦的思考，我决定入清华。原因也并不复杂，据说清华出国留学方便些。我以后没有后悔。清华和北大各有其优点，清华强调计划培养，严格训练；北大强调兼容并包，自由发展。各极其妙，不可偏执。

在校风方面，两校也各有其特点。清华校风我想以八个字来概括：清新、活泼、民主、向上。我只举几个小例子。新生入学，第一关就是“拖尸”，这是英文字 toss 的音译。意思是，新生在报到前必须先到体育馆，旧生好事者列队在那里对新生进行“拖尸”。办法是，几个彪形大汉把新生的两手、两脚抓住，举了起来，在空中摇晃几次，然后抛到垫子上，这就算是完成了手续，颇有点像《水浒传》上提到的杀威棍。墙上贴着大字标语：“反抗者入水！”游泳池的门确实在敞开着。我因为有同乡大学篮球队长许振德保驾，没有被“拖尸”。至今回想起来，颇以为憾：这个终生难遇的机会轻轻放过，以后想补课也不行了。

这个从美国输入的“舶来品”，是不是表示旧生“虐待”新生呢？我不认为是这样。我觉得，这里面并无一点敌意，只不过是对新伙伴开一点玩笑，其实是充满了友情的。这种表示友情的美国方式，也许有人看不惯，觉得洋里洋气的。我的看法正相反。我上面说到清华校风清新和活泼，就是指的这种“拖尸”还有其他一些行动。

我为什么说清华校风民主呢？我也举一个小例子。当时教授与学生之间有一条鸿沟，不可逾越。教授每月薪金高达三四百元大洋，可以购买面粉二百多袋，鸡蛋三四万个。他们的社会地位极高，往往目空一切，自视高人一等。学生接近他们比较困难。但这并不妨碍学生开教授的玩笑。开玩笑几乎都在《清华周刊》上。这是一份由学生主编的刊物，文章生动活泼，而且图文并茂。现在著名的戏剧家孙浩然同志，就常用“古巴”的笔名在《周刊》上发表漫画。有一天，俞平伯先生忽然大发豪兴，把脑袋剃了个净光，大摇大摆，走上讲台，全堂为之愕然。几天以后，《周刊》上就登出了文章，讽刺俞先生要出家当和尚。

第二件事情是针对吴雨僧（宓）先生的。他正教我们“中西诗之比较”这一门课。在课堂上，他把自己的新作《空轩》十二首诗印发给学生。这十二首诗当然意有所指，究竟指的是什么？我们说不清楚。反正当时他正在多方面地谈恋爱，这些诗可能与此有关。他热爱毛彦文是众所周知的。他的诗句“吴宓苦爱（毛彦文），三洲人士共惊闻”，是夫子自道。《空轩》诗发下来不久，校刊上就刊出了一首七律今译，我只记得前一半：

一见亚北貌似花，
顺着秋秸往上爬。
单独进攻忽失利，
跟踪盯梢也挨刷。

最后一句是：“椎心泣血叫妈妈。”诗中的人物呼之欲出，熟悉清华今典的人都知道是谁。

学生同俞先生和吴先生开这样的玩笑，学生觉得好玩，威严方正的教授也不以为忤。这种气氛我觉得很和谐有趣。你能说这不民主吗？这样的琐事我还能回忆起一些来，现在不再啰唆了。

清华学生一般都非常用功，但同时又勤于锻炼身体。每天下午四点以后，图书馆中几乎空无一人，而体育馆内则是人山人海，著名的“斗牛”正在热烈进行。操场上也挤满了跑步、踢球、打球的人。到了晚饭以后，图书馆里又是灯火通明，人人伏案苦读了。

根据上面谈到的各方面的情况，我把清华校风归纳为八个字：清新、活泼、民主、向上。

我在这样的环境中生活、学习了整整四个年头，其影响当然是非同小可的。至于清华园的景色，更是有口皆碑，而且四时不同：春则繁花烂漫，夏则藤影荷声，秋则枫叶似火，冬则白雪苍松。其他如西山紫气，荷塘月色，也令人忆念难忘。

现在母校八十周年了。我可以说是与校同寿。我为母校祝寿，也为自己祝寿。我对清华母亲依恋之情，弥老弥浓。我祝她长命千岁，千岁以上。我祝自己长命百岁，百岁以上。我希望在清华母亲百岁华诞之日，我自己能参加庆祝。

1988年7月22日

（录自《季羡林全集》第二卷，外语教学与研究出版社，2009年版）

对母校的记忆

叶兆言

我对母校最强烈的记忆，说出来有些不雅，那就是忘不了宿舍厕所里浓郁的尿臊气。这种焕发着青春气息的味道，如此强烈，如此汹涌澎湃，仿佛划一根火柴就可以燃烧起来。不知道现在的情况如何，反正那时候真了不得，时至今日，那气味仍然让我心有余悸，一想到就头晕。二十年前，我成为南京大学的一名学生，在校读书期间，我庆幸自己可以经常逃回家去，晚上想几点睡觉就几点睡觉。住在学校里则没有这样的运气，学生宿舍晚上十点钟熄灯，到时候铁定拉电闸，对于那些想用功读书的人来说，十点钟就结束战斗，实在太早了，拉了电闸以后，想发愤，只好到厕所那边去，因为只有这里的灯是长明的。

这样的场景真是让人难忘。在令人窒息的尿臊味中，同学们皱着眉头，或站或坐，在那昏黄的过道灯下，用功读书到深夜。我没有任何指责晚上十点钟熄灯制度的意思，事实是，当时如果不这样强制，一代大学生的身体，就有可能被弄坏。不是所有的人都能在厕所的强烈气味里坚持下去，刺鼻的臊味在某种意义上，对同学们的身体起到了保护作用，人们终于被熏得睁不开眼睛，不得不乖乖地回房间睡觉。还可以举一个差不多的例子，譬如吃了晚饭，去阅览室教室自习，大家得像做生意的小商贩一样，早早地赶到那里，稍稍迟一点就可能没位子。有一段时间，去教室抢座位，差不多成为一件大事，好不容易占到的位置，仿佛是自己抢到的地盘，绝对不肯轻易放弃。如果不是定时熄灯制度，废寝忘食的莘莘学子，不知会用功到几点。一句话，对那些只知道苦读的学生来说，不强制就不行。

当时学校里的许多活动，都和确保有效的苦读分不开。譬如体育锻炼，我们这一届学生，年龄相差悬殊，岁数最大的，差不多可以做最小的父亲，于是见到这样的场景一点也不足为奇：有人跑步，有人打球，还有人打太极拳，当然也有人身体本钱好，什么也不锻炼。各种锻炼的功利性显而易见，在读本科的四年里，我差不多每天都坚持打排球，这在当时，颇有些不务正业的意思，因为当时苦读的气氛太强烈，一个人不是成天捧着书，而是天天出现在操场上噼里啪啦地打排球，就很容易给人误解。大学毕业的时候，同学们互相赠言留念，很多人在给我的留言中，都觉得我是个快乐会玩的人，言辞中充满羡慕，大学生活太刻苦了，在他们的记忆中，像我这样能每天打排球的人，就已经是最幸福最懂得享受的同学了。

毕业以后，我一直在想，如果我们这一代学生，始终能像在大学读书时那么用功苦读，那么玩命，结果又会怎么样？这是一个不切实际的浪漫主义的想法。人不会永远在臭烘烘的厕所边苦读，不应该也没必要，十年寒窗苦，这里的十年，已经是一个很长的数字，而在大学里读本科，毕竟只有四年。我在校学习期间，那是一个为了知识可以不要命的年代，当时最耀眼的大英雄是陈景润，所有的人都拼命读书。那时候看重的，不是学历，不是职称，眼睛里只有单纯的知识，说为读书而读书一点也不过分。那时候没人去想为什么要苦读，更不会想苦读了以后会怎么样，苦读成为一种风气，人生活在这种风气中，很自然地就心甘情愿地用功读书了。

南京大学的苦读是有传统的，有趣的是，从来就没有一位老师要求我们应该如何苦读。在科学的春天里，关照学生用功读书显然有些多余，这就好像一辆汽车的油门已经踩到底了，没必要再提醒司机还应该怎么加速。对于同学们来说，苦读既是一种无形的压力，也是一种当然的习惯，大家生活在苦读的磁场之中，不知不觉就这么做了。回忆当年，最能让人感到亲切的，也就是这种盲目的苦读，历史上，南京大学的前辈就以苦读闻名，辛亥革命以后，有一种流行的说法，那就是：要做官去北京，因为这里是北洋政府的所在地；要发财去上海，因为这里是十里洋场；而真要读书，最好的选择就是到南京，因为在这里，除了能读些书，什么也得不到。“三更灯火五更鸡，正是男儿读书时”，这诗句是对我们前辈的形象记录，老辈人提到南京大学学生的苦读，总是忍不住要咂嘴激赏。

如果说现在仍然感到有什么遗憾的话，那就是自己当年读书还不够刻苦。在不同的场合，面对不同的人，我不止一次说过自己不是什么好学生。直到现在，我仍然常常梦到考试，我害怕考试，一度曾经对考试充满敌意，然而又不得不由衷地赞扬考试制度。如果不是恢复高考，我不可能成为大学生，也不可能考上研究生。再也没什么比考试更公平的竞争。我由衷地感谢母校给我提供的苦读机会，苦读的意义不仅在于学到了什么，关键是给了我一种方法，养成了一种自然而然的习惯。时至今日，我仍然经常提醒自己，应该始终保持一种学生心态，我希望自己永远当一名学生。

1998年9月15日

（录自《叶兆言散文》，浙江文艺出版社，2000年版）

我的大学

张汝伦

一直到八十年代中期，大学生还喜欢开口闭口称自己为天之骄子。七七级的大学生就更不用说了。这些从十多届中学生中脱颖而出，“文革”后恢复高考第一次就考上大学的人，用“漫卷诗书喜欲狂”来形容他们的自豪和喜悦，不仅一点不过分，而且还可能不能完全说出七七级大学生接到录取通知书时悲喜交加的复杂心情。因为考上大学不仅意味着他们人生道路的根本转折，同时也意味着他们早已破灭和忘却的理想的实现。

因此，这种喜悦不仅具有突然爆发的强烈，也有细细回味的绵长。然而，对于我们——芜湖师专的七七级学生来说，入学的喜悦恐怕在进校的那一刻就消失了。想象力再丰富的人，也很难相信这是一所大学。没有校门，没有围墙，农家的水田和房舍近在咫尺，村童无所顾忌地在“校园”里放牧。唯一的教学楼是五十年代建造的一幢比上海有些中学教学楼还小的三层楼房，这也是学校唯一的楼房。教师宿舍和学生宿舍都是最简单的砖砌平房。我们被告知出去时无论如何要将门窗关上，东西最好不要放在靠窗的部位，否则会遭不测。我因后来忘了这些警告，将一台收音机放在窗边，结果不翼而飞。学校有伙房，但没食堂，每次必须打了饭到寝室去吃。学校也无澡堂，要洗澡必须坐车到十几里外的芜湖市去，而那时的交通十分不便。

学校不仅生活条件十分简陋，教学条件和设备也同样如此。图书馆是聊胜于无，理化实验室也仅比一般中学的好一些，外语教学的所谓电化设备只是一台旧唱机和一台老式录音机，后来算是买了一些最简单的盒式录音机，教材和唱片、磁带都比较陈旧，但即使这些也只有外语科的学生可以享用。这样的学校师资力量当然也不会强，毕业于重点大学的老师屈指可数。外语科倒是有一位老师毕业于圣约翰大学，口语、听力都是一流，但年轻时因失恋自杀留下的后遗症使他教学效果大受影响，尽管如此，他的人品和修养还是赢得学生深深的尊敬。

影响我们这些学生情绪的不仅是学校硬件和软件上的欠缺，更主要的还是两年学习毕业后的去向。对于重点大学的七七级学生来说，他们毕业后的前途可说是一片光明。一般综合性大学的七七级毕业生，去向也不会差，毕竟当时国家面临非常严重的人才断层，各种岗位都非常缺人。而对于师专的毕业生来说，即使是七七级，多数人的命运只能是农村中学教师。对一些本来就是农村教师的同学来说，读大学只不过多了一张文凭，及由民办教师变为公办教师。

尽管如此，悲观沮丧的人却一个也找不到。那些毕业于各名牌中学的老高中生，要不是“文革”，他们也许早就从各重点大学毕业了，而芜湖师专这样的学校根本就不会出现在他们的志愿表上，但他们仍然将来到这里学习看作是人生的一大进步。毕竟，他们为此等了十多年。一位老三届的同学因为妻子不同意他来上学，毅然提出离婚。而对于那些“可教育好子女”，以及本身就曾“受过迫害”的人，上大学不仅意味着有了基本的学习权利，而且更是翻身和解放。因此，这些同学在新生自我介绍，述及不堪回首的往事时，往往声泪俱下，不能自已。而对于像我这样既非名牌中学毕业的老高中生，又非“专政对象或其子女”的六九届初中毕业生和知青，上大学意味着圆了久已忘却的梦，总算从此可以有一张平静的书桌了。到校第一天，学校给我的陌生感，至今记忆犹新。

正因为如此，几乎所有同学都把到师专来上学看作是一个梦想不到的机会，甚至是一种幸运。他们没有名牌大学学生的骄傲，乃至目空一切，也没有一般大学生的志得意满。但他们有与那时其他大学生一样的对知识的饥渴，和对进大学读书机会的珍惜。论学习的勤奋与刻苦，他们与任何其他大学生相比都毫不逊色。而他们的理想主义甚至天真，在师专的环境下显得格外触目。

师专属专区领导，地方色彩极重。加之被周围农村包围，各色人等随便进出，而学校也不能不在其行为上适应这种地方的环境，因而不仅谈不上是什么象牙塔，相反倒是和以前的劳动大学甚至农场的气氛仿佛。但就是在这样的环境下，这些在这个根本不像大学的地方读书的学生，却要营造他们心目中大学应有的空气。明明知道自己的学校根本不入流，几乎没有任何一个其他学校的学生会把它放在眼里，他们却渴望有自己的校徽和学生证，以表明自己的学生身份。尽管连他们的老师都认为，这种学校的校徽只能挂在裤腰带上，但他们却一直为没有校徽而感到遗憾。记得在新生见面会上，同学提出的第一个建议就是以后大家不要像社会上的人那样，以“小某”或“老某”相称，而要直呼各人的姓名，以表明这里是学校，而不是社会。这些年龄最大的已过三十，最小的也比现在的大学生年纪大的大学生，在今天的大学生看来，也许迂腐得有点可笑，而他们却是在与环境做堂吉诃德式的对抗。

师专的教学水平并不高，但老师上课却极为认真。这倒并不完全是因为他们知道他们教的是七七级，而是因为他们觉得终于可以用其所学了。由于学校小，学生少，师生关系自然密切。老师对学生极为亲切诚恳，有如家人；而学生对老师也极为尊敬和尊重，背后议论老师的极少。老师对自己的学生总有偏爱，尤其看到一些有才华的学生终非池中物，便多方鼓励，绝不以学生会超过自己而生妒恨。多少年过去了，这些当年的学生中已有人在国内外的一流大学中任教，但他们在一起时，总会互相打听老师的近况，总会回忆起当年师生平凡而难忘的情谊。

像所有七七级的大学生一样，师专的学生对学习如饥似渴，甚至废寝忘食，尽管他们的出路只是一个农村中学教师。学校地处农村，自然也就少了不少引诱。学制只有两年，同学刚一熟悉就要分别，也就少有人谈情说爱。学校谈不上有任何名气和地位，自然也断了想从此处步入官场的人的念头，一切以后再说。学校位置偏僻，七十年代末八十年代初影响中国前途的那些大事，几乎没有一件在此引起人们注意的。我就是到了八十年代中后期才知道三中全会的意义。所有这一切，都使得师专的学生除了学习外，不知还有什么其他的事好做。比起那些胸怀大志的名牌大学大学生来说，师专的学生是很平庸的。他们只知道珍惜这个学习机会，努力学习，以不致将来误人子弟。当然，雄心勃勃的人也还是有，第一年就有人考取了上海的研究生。可惜此人到了上海后由于拼搏过度，英年早逝。

既然大家都一心向学，暗中竞争的事自然少不了，却很少有人因此翻脸甚至反目成仇。相反，当年的竞争对手在后来的人生旅途中，不遗余力地相扶持的倒也是有。同学之间有时难免会有不愉快，但很快就会过去，一切又如往常一样。至今，这些老同学在一起相聚，绝不会有半句言不由衷的客套话，还是像当年一样，直来直去，只是更多了一份理解和关切。如今，各人的处境已很不同，但没有人会妒忌发达的同学；而处境顺利的同学，也总是尽可能在力所能及的方面帮助别的同学。我至今仍然感谢师专，让我认识了这样的同学。

当然，最让我感谢师专的是，它为我今后的学术生涯打下了最初的基础。虽然师专以培养中学教师为目标，但它毕竟使我脱离了社会底层的艰苦生活，而有充裕的时间来追求自己的目标和理想。虽然它在知识上不能使我满足，但却让我养成了自学的习惯，了解了治学的门径。我在师专所学的东西对我后来的哲学研究关系并不很大，但却是不可少的准备。没有这一步，就不可能有后来的成功。去年我在德国讲学时，曾去荷兰与在那里担任一家荷兰银行高级主管的师专同学相聚。我们一致认为，追根溯源，我们的事业是在师专起步的。为此，我们将永远记住它，感谢它。

据最近回过母校的同学和从母校来的人讲，这十几年母校发生了巨大的变化。我们在校时梦寐以求的许多东西都有了：气派的校门，高高的围墙，新教学楼，图书馆，以及各种教学设备，教师和学生都住进了宽敞的宿舍楼。还有像样的校园和食堂。学校成了名副其实的大学。他们告诉我，也许我将来回校时，会再也认不出母校来。但我知道，不管怎样，我对它的感激之情，是永远不变的。

（录自《我的大学时代》，福建教育出版社，2001年版）

话说“迎新”

黄天骥

2002年下学期，我在香港某大学当客座教授，接受了香港电台的一次访问。想不到访问者问我的第一个问题是：您记得考进大学时的情景吗?

我早就过了“耳顺”之年了，向我了解当年黄毛未褪时的情景，不是颇为突兀吗！当然，我是知道这提问的含义的。就在我到达香港的前几天，当地某大学发生了一桩丑闻，一批老生在迎接新同学的集会上，故意向女同学大讲脏话。消息一传出，自然全港震动，慨叹世风日下，人心不古。

访问者向我提问，其实想听听我对这丑闻的看法。我下车伊始，不了解内情，不便置喙。至于侮辱新生的做法，我在青年时代，也并非全无了解。

据说，在解放前，许多大学，特别是沿海地区的大学，多接受了欧美大学的“传统”，新生入学时，一定得乖乖地接受老生的作践乃至凌辱。在“迎新会”上，老生可以把新生弄得狼狈不堪，而新生只能够逆来顺受。这种陋习，名为“拖尸”。考进大学时，老一辈的人也曾提醒过我，准备挨过“拖尸”一关。时至今日，香港某大学老生们的污行，实际是承袭着欧风美雨。对此，回归后的港人看不下去，也未尝不是社会风气改变的表现吧。

不过，电台访问者的提问，倒真的勾起了我对五十年前往事的回忆。往事如烟，可是我所经历的大学“迎新会”上的情景，依然历历在目。

我是1952年考进中山大学中文系的。

我的家，在广州西关（现在称为荔湾区）。报到的那一天，我携带简单行李，乘公共汽车径往康乐园。

车子过了海珠桥，便进入了当时的市郊。黄土公路的两旁，尽是水稻田，阡陌纵横，灌木丛丛。晓港桥头，停泊着几叶扁舟，好一派远郊情味。拐了几个弯，车子才进入学校的大门。

当年，南校门依然写着“岭南大学”几个字。浅黄色的方形石柱，托着横梁，就像下边缺了一横的“口”字，简朴到无以复加。我有点纳闷：这校门和我读过的中学校门差不多，它寂寞地站在路边，形单影只，哪有什么高等学府的气度？

正踌躇间，车子驶往校道，我下了车，才知道自己进入了一个新的梦幻世界。

从校门内侧望过去，夹道是两行茂密的紫荆树，树上开满红中间白的花。有些花瓣，落在地上，校道便像铺着碎锦。紫荆树下，是经过修剪的低矮灌木，开放着灯笼形状的大红花。深红粉白，浅黛浓绿，交相辉映。空地上有榕树、木棉树、荔枝树、蒲桃树，夹杂着一丛丛翠竹，微风过处，花树婆娑，沙沙作响。绿树间，有几座红灰色的小楼，传出了钢琴叮叮当当的乐音。我心旷神怡，暑意全消，觉得迎面走来的一切人，眉头眼角，都流溢着盈盈的笑意。

转过小礼堂，眼前一亮，好一幅青翠欲流的绿草地！

我平生未见这么大这么美的草地。人的眼界，怕会是随着年龄增长而变化的。在小学，觉得校园很大；到中学，才知校园更大。现在，面对着康乐园宽广的草地，又才知道山外有山，天外有天，知道什么是真正的大。我想，大学大学，偌大的校园，不就说明大学之所以为大吗！说实在的，那时候，我实在还没有弄清楚大学的真正含义，只是觉得，光是这片大草坪，已经足够让我欣喜和迷恋，让我领略了我们学校的气度。

我赶紧办妥入学手续，放下了行李，便回到当时名为“学习广场”“翻身广场”的大草坪上，挑一个阴凉去处，静静地躺下。草地软茸茸，暖烘烘；草尖儿轻拂着肌肤，草蜢儿乍然跃起；草地下像有一股潮热的蒸气冒出，我的身躯，也和氤氲的泥气息草滋味融为一体。天上云飘，耳畔蝉鸣，康乐园，不就像“世外桃源”么！当然，后来我才知道，这里的每一根神经，其实都和外边的世界紧密连接，憩静的下面会涌起风波。大学，应该是社会的良心，但也会是社会矛盾的缩影。

午后，有人通知我，晚上系里举行迎新大会，新同学都要参加。一听有“迎新会”，外地来的新生都很高兴，我心里却像打鼓。“迎新”不会要“拖尸”吧？等着被拖得了。我想，这一关，反正“新丁”们是要挨过去的，也顾不了许多。于是把心一横，索性先拖了几位舍友，逛逛校园再说。

时近黄昏，我和四位同学走到了党委会（那时叫“政治辅导处”）前面的斜坡上。坡后古木参天，树荫浓密，宛如一片森林。我长年居住在城市，只见树木，不见森林，一时兴起，便使劲地往前边跑。谁知走到树丛边，却发现森林被有倒钩的铁丝围着，还贴着写有“内有恶犬，请勿进内”的告示。我张望了一下，没发现林子里有狗，倒瞥见树枝上垂挂荔枝。于是撩起裤管，带头跨过围栏，心想荔枝正向我招手，哪里管得了校警摆下的“空城计”。

走到了树下，正要伸手摘那枝头的荔枝，忽然斜刺里冲出一条又黑又大的狗。那家伙一声不响，向我扑来，俗语说：“无声狗，咬死人。”说时迟，那时快，我一见，扭头便跑。那狗在后面紧追。我赶忙逃到铁丝栏边，举脚便跳，谁知铁丝上的倒钩挂住了我的裤管。这一来，整个身体哗啦一声扑倒在地上。我逃命要紧，也管不了许多，奋力爬起。谁知“嘶”的一声，新缝的裤子撕开一个大口。那狗正要咬我，可是见我扑倒在地，以为要捡石块扔它。它略一迟疑，我便乘机逃出了生天。

回至宿舍，惊魂甫定，舍友都来安慰我。大家匆匆吃了饭，又得前往“迎新”的会场了。

那天晚上，系学生会主席说了些什么话，大家表演了什么节目，我一概听而不闻，视而不见。我一边心疼自己的新裤子，一边想着“拖尸”。整个晚上，只坐在角落里发呆。我还觉得，不少老同学的视线集中到我的身上，大概我那忐忑不安的模样，让师兄师姐们瞧个正着。似乎还有些舍友，他们望着我窃窃私语。

我坐的位置，靠近会场门口，晚会一结束，赶紧溜之大吉。那时年纪小，跑得顶快。回到宿舍，洗过澡，稍稍整理衣物，正准备休息，忽然有人敲门。我心想无非是舍友们晚会后回来了，本来，房门就没有拴闩，我也就懒得起身，只喊了一声：“进来！”

咯当一声，房门被推开了。我扭头一看，走进来的竟是四五位高年级的女同学。我一愣，一边喊着“请慢点”，一边手忙脚乱地把撂在床上的外裤赶紧穿起来，才敢回身迎“客”。女同学看到我的狼狈相，都哈哈大笑，而且目光都落在我的裤子上。我有点纳闷，低头一瞧，惨了，原来我在忙乱间，穿上的竟是那一条从膝部裂到脚跟的破裤。

“是这条吗？”一位最年长的女同学指着我的破裤问。我不知道她说的是什么意思，正作声不得，谁知道她在哄笑声中清楚地下达命令：“脱下来！”

我手足无措，心想我年纪再小，也总不能当面脱裤吧！那女同学见我迟迟疑疑，又说了一句："不要不好意思嘛！"然后，她们都笑着走出房门口。

我无计可施，赶紧脱了破裤，换上另一条裤子。才扣好皮带，师姐们又一拥而入，不由分说，把破裤子拿走了。

我默默地坐在床沿上，不敢声张，只好自认晦气。心想，原来这就是"拖尸"，既然新同学都要挨过这一关，也只好服服帖帖。只是想不到师姐们也会干这损人的"活"。

我盘算着，她们会把我的破裤子拿出去示众，或者要我拿出多少礼物作"赎金"。我还想到，肯定有人把我逃命跨栏的"劣迹"出卖了，否则她们为什么会突然袭击，而且目标又是这样的明确。那一夜，我的心像有十五个吊桶打水，七上八下。既然命运掌握在别人的手上，也顾不了许多，听天由命吧！

第二天起来，到校园溜了一圈，又到了系办公室，看了看将要上课的课室，既想熟悉环境，更想打听虚实。不过，一切似乎都很平静，我关心的破裤子未见公示。午餐时到了膳堂，也碰见一两位曾到我房间"拖尸"的师姐，她们只是似笑非笑地和我点点头，便头也不回地走开了。那天，我很少跟同学们说话。"待决之囚"的无奈，被人出卖的懊恼，一直笼罩在我心头。

到了第三天，早餐过后，我回到宿舍。忽然看见，"破裤子"

端端正正地被折放在床上。我赶紧拿起来一看，裤子不破了，原先的缺口，已经被细细密密地缝补。

小时候，祖母也曾给我缝过衣服，我知道缝补是当时女孩子们“必修”的手艺。细看针线，均匀紧密，巧手缝补者一定花费了许多功夫。我又赶紧掏掏裤袋，看看有没有人留下开出“赎买条件”之类的纸条，但发现几个口袋都空空如也。

这一回，我又愣了，这是怎么回事呢？难道这也叫“拖尸”？

到现在，我一直不知道是哪一位师姐给我缝补的裤子。只记得当时自己呆呆地站在床边，心情复杂，既是感激，又是懊悔。那细密的针线，带着老同学的友爱，也缝在我的心上，使我永远不能忘记。其实，从1952年院系调整开始，我从来没见过什么“拖尸”。见到的只是每一届新学年开始，老同学总会组织起来，高高兴兴地迎接新同学。我在大学二年级时，变成了“师兄”，便请缨参加迎新活动，在火车站举着牌子，等候南下求学的学弟学妹。有时，等候列车直到深夜。当然，我也“拖”，但只是替新同学拖行李，也会拖着他们到校园走走。根据自己的经验教训，也会告诉他们什么地方是不应跨越的。

从“迎新会”后误解冰释开始，我深深感受到同学间友情的温暖。我们的校园，自然是美的，但更美的是那一份浓浓的而又无言的友情。解放初期知识分子纯洁的心，优良的素质，以及淳厚的社会风气，正是缔造大学校园内在美的基础。

至于那一条经过缝补的裤子，我长期保留着。直至“文化大革命”，我要奔赴“五七干校”，妻知道我要上山挑东西，才把它裁开，制成厚厚的“垫肩”。此是后话。

（录自《中大往事》，南方日报出版社，2004年版）

到底是复旦

许道明

复旦大学西侧的相辉堂，原名为“登辉堂”，初始是整个校园内最闳敞的建筑，表达着代代复旦人对老校长李登辉先生的感激之情。这位校长美国耶鲁出身，深明“大学之教，百家渊薮”，故而为复旦制定了“学术独立，思想自由”的原则，很是让人振奋而神往。每年迎接新生的典礼通常在那里举行，也很合适。

我们那一届的迎新典礼，照例在登辉堂。不过，老校长所制定的那条原则，好像已经被丢掉许多年头了，唯一无法叫人轻易丢弃的是名曰“大复旦主义”的玩意儿。虽然我们打认字起就把“虚心使人进步，骄傲使人落后”这则名人名言铭记在心，每次新生“入学教育”都毫无例外地将“大复旦主义”列为重点批判对象，但收效甚微，几至越批越火旺。大伙儿嘴上免不了数落那个主义是何等浅薄虚夸，而心田深处可滋润着呢！

那年典礼给我们讲话的是党委副书记陈传纲，就是在复旦高层领导中喜谈书画能唱京戏的陈传纲，是在学生和青年教师中“延安整风”不离口，还学着毛泽东语态高呼“主观主义害死人”的陈传纲，是在延安一度与《野百合花》作者王实味过从甚密的陈传纲，当然也就是后来“文化大革命”一爆发就“自绝于革命”的陈传纲。那天他讲得很激昂，激昂之中还多少含有儒雅和率真的味道。狠狠地上纲上线，地毯式轰炸般地把“大复旦主义”批判一通后，从他薄薄的嘴唇间哔哔剥剥爆出来了一大串“复旦是新中国建立以来高等教育战线上最重要的成果”啦，“你们能够进入复旦，是一生的幸福”啦，以及“我也曾是复旦的学生”啦。这类话给我们这些刚刚进得复旦的大学生中的小学生，在感觉上是异乎寻常的，异乎寻常的真诚，异乎寻常的善解人意。

复旦自来到人世间，不知怎的，向来没有资格同北大正面叫板。三十五年前，辅导员和一些在学生中初获敬意的青年教师，一有机会便向我们唠叨“北有北大南有复旦”，或者，北大与我们，公平地说“各有千秋”。这类说法像云彩一般飘浮在我们的头顶，半是谦虚，半是骄傲，怕是复旦的智慧吧，搞得我们整日价晕晕乎乎的。其实，说说“复旦大，大复旦”，又有何妨呢，当时恐怕没有几个学校敢于对此怀疑的，当然还应该包括南京新街口的南京大学。南大的天文学当然顶尖，在未有进得复旦时，我对戴文赛教授崇拜得五体投地，到了复旦后，我跟在大家的后面，通常会拖出紫金山天文台来摧毁南大天文学系的神话，而当时在南大，似乎倒从来不见有人会巧妙地借重黄浦江来调侃复旦。我们这里的历史系，周予同和周谷城是一代名儒，不时挂在我们的嘴边，但好像谁都不愿意涉及元史研究，复旦人的心底并不骄傲，也不糊涂，很能明白于元史一隅，咱们是远远及不得南大的。不管怎样，“咱们学校在上海滩头序列第一”，反正这足以让我们心安理得了。中国人向来讲究序列，排名榜之类古已有之，不过于今为烈焉尔。从报上一连串要人名字序列的变化中，人们可以味索出某种政治动向，这已是家常之谈。

苏步青是唯一可能和华罗庚较劲的数学家，这是复旦学生的普遍认识，数学系藏龙卧虎，已有苏步青—谷超豪—李大潜三级梯队，从所有读数学系的青年学子脸上，人们是很容易发现这种得意的，“李大潜后”仿佛不久必然会出现在他们中间。还有那个新闻系，一副“老子天下第一”的气概，北京大学有吗？人民大学嘛，你有多长历史？连陈传纲在迎新典礼上还特别以新闻系为例，“不要新闻学还没有读，就梦想背着照相机逸兴遄飞了”。但有些事儿又特别怪，周谷城教授可有声名啦，大伙特别理会并且也特别有兴味的，却是报上正在争论不休的、被姚文元揪住不放的“时代精神汇合论”，很有些高深莫测；谈家桢当然广为人知，他居然崇美，拾摩尔根余唾而与米丘林李森科作对，很不对头，我们却认定他应该有些“反修战士”的光荣。总之，这类信息连同复旦有搞原子弹的专业，有加速器这类玩意儿一起，都使我们眉飞色舞，万般神气。当年华东师大的口号是“学复旦，赶复旦”，立场非常友好，不乏自知之明，颇合我意。它们的校园就漂亮而言远胜复旦，一条丽娃河就足以将复旦比得汗流浃背了；它们校园的卫生也是全市最负盛名的，常溪萍书记还兼有清洁夫的身份。但允许说这类话的不应该是华东师大自己，王婆卖瓜，哪里还有“学复旦”的诚意？最能说话的自然是复旦，要不然我们有人便会说，什么丽娃河，它的主人是大夏大学呀，如果我们把后面的叶家花园圈进，嘿，一溜参天古木、曲折池塘、亭榭楼阁，应有尽有，精美绝伦。什么卫生第一，太小儿科了，师范院校培养中学教师的干活，焉能不讲卫生？科研任务轻得可以忽略不计，去搞卫生吧，此外还得算上女生多，女人蓬头垢面哪像话！这是复旦的幼稚，也是复旦的逻辑。

然而，复旦毕竟是复旦，借得建国初高校院系调整的东风，鸟枪换大炮，实实在在地壮大了起来，说“北有北大南有复旦”，到底不外行。我认识一位浙江美院出身的朋友，他1965年毕业分配去北京，他既沉重又佩服地说：“与我同一车厢的全是赴京报到的毕业生，而三分之二是你们复旦的。啧啧啧！”说句老实话，复旦人的心真大着呢，他们的眼界好像真有些与众不同之处，一派吉人天相的样子。不舒服的是不少人对小说家杨沫比较恼火，《青春之歌》中的那个叛徒戴愉居然是复旦出身的，多亏当时还没有人懂得为维护名誉权可以打个官司挣个千儿八百的。顺便说说，我们这里的事儿也通常吓人得多，但想当年只要党委书记杨西光一个电话，若红炉点雪，通通搞定！至于西光同志来复旦，怎么说呢，那是差不多像过节一样令人兴奋的。再说西光的才能，西光的地位，以及西光的恩威并重，在偌大上海有几个大学当权派能及得其半呢？在石西民调中央文化部后，张春桥忙着搞阴谋时，情景更是如此。全国解放后，复旦在“水连水，波连波”中发展，也在“水连水，波连波”中发现了一条真理：“我们都是西光同志的子弟兵。”后来这话经党委的其他负责人说出，它就越发有意味了，复旦与“学术独立，思想自由”的传统已有了一种新型的关系，在西光同志的结结巴巴中，在西光同志缭绕的烟雾中，所有复旦人吃饭做事都有了一定之规。它受制于当时的空气，也隐含有复旦长期以来生存的秘密。明于此，也就不难记住“大复旦主义”实在来之不易。

然而，那个时候的“大复旦主义”，终究半是盲目，半是清醒。

当然现在的情况已经令人“扫兴”多了。全国的大学似乎群雄四起，纷然嚣然，各持其说，各挟其技，但毕竟是片好风光。所谓的“大复旦主义”已日日渗溢着白头宫女话玄宗的味道，还有多少人会相信呢？恐怕连复旦自身的老小也未必相信当今真的还有什么永不动摇的神话。据传南京大学对我们的理科早已不放在眼中，至于文科嘛，他们最为出色的意见是“南大到底还没有像复旦那样体面的文科大楼”。

[录自《挽歌的节拍：复旦纪事（1964—1970）》，
南方日报出版社，2003年版]

母校杂忆

朱寿桐

这些年，每当接到来自苏州的信函，都会凝神结想好一会儿，因为这些信总是引起我对于母校以及苏州的怀想与眷念。那儿是我学术生命的起点，是我学术积累的初端，我的学术人生的每一次迈步都带有百步街青石板上趔趄的记忆，我的学术文字的每一笔书写都藏有方塔式的棱角和灰白的色调。每想起母校，想起异常岑静的东吴园，都会感到古城苏州所特有的一种文化深蕴的重力。我不知道处身于这所大学和这座城市之中的一果是否存有与我类似的印象，或者是否具有与我类似的感受。当年他带着刘祥安教授的热情推荐从苏州来到南京从我攻博，我就想找时间同他坐下来说说苏州，说说苏州大学，但似乎终于没有那样的空闲。我们当然坐下来谈过多次，可谈的都是论文写作之类。他的论文论述的是文学与城市的关系，其实学术与城市的关系也很值得探究，习惯上所说的

“海派”其实不单是指演艺艺术上的门派，也不单是指文学创作上的流派，有时也用来形容某些学术做派。苏州的厚重与岑静至少让我联想到那里一些著名学者的作风，包括我师长辈的学者以及我朋辈的专家。我一直想提醒一果注意并注重这样的学术作风，以自己尽可能厚重的学术成果融入这个特定的学术空间。

二十多年来游历过很多大学，至高者包括哈佛大学和北京大学这样的学术圣殿，但我仍然觉得东吴园有它特别的厚重内涵。岑静是它的外包装，也是它内力展示的形式和风格，一如古老的苏州，以异常的岑静面对历朝历代的喧嚣更替，无论世事的风旗如何姹紫嫣红，它一律以惯有的灰白坦然应对。岑静不是乏力，灰白不是苍白，苏州不事张扬，可从来就不是一个让人小觑的地方，包括天性傲慢的上海人在它面前都得十分小心。一位颇有天赋的上海人别出心裁地看到了苏州的“白发”，写了出来，随即就被人点了要穴，指出他并不懂苏州悠久历史的厚重内蕴。我不知道这样的指责是否正确，不过我觉得苏州的内涵确实不是一篇抒发感想的大散文所能概括的。上海的文人把握上海的神韵也许不过就是一两篇文章，但对于他们习惯上称之为“乡下”的苏州却不能如此简单。例如苏州的园林，你固然可以概括为秀美雅致、精巧玲珑，殊不知越是精巧玲珑的东西越是含有人为的精雕细琢，那太湖山石的每一个造型，亭湖水塘的每一处措置，甚至各种树木花草的布局，每条曲径小路的安排，都有它们的文化象征和情感比喻，单就这些要弄明白已经是很不容易。当然你可以不管这些，但你无法回避这些所具有的深厚的文化蕴涵。何况苏州的园林还不仅仅是这些，还有各种名目和寓意的亭台楼榭，还有各种形状和风格的角门篱墙，更何况苏州不仅仅是园林，依稀的葑草在并不清澈的水河中映有锈色的斑点，那可能就是伍子胥喋血的遗痕，吴山点点的愁雾中，也分明散发着战国的烽烟。这些都显示着苏州的厚重，这种厚重外包着小桥流水的景象和吴侬软语的声腔，赋予苏州以特别岑静的内蕴力。

苏州大学不能等同于苏州，不过它不事张扬极富内力的岑静风格与它的母亲城十分相通。在这个即使是全中国范围来说也算是最为人杰地灵的地方，不仅拥有为数众多的学术巨匠和名流才士，也还拥有外人所难以领略的教育文化财富矿藏。以我在母校所接触和所了解的文学一科言之，除了学界人们所熟知的钱仲联、范伯群等学术大家而外，这个大学里身怀绝技却含而不露的老师比比皆是。我印象最深的当然是我最熟悉的徐斯年教授，他专攻中国现代文学，在鲁迅研究方面造诣特深，对现代通俗小说特别是武侠小说有着深到的研究，可他对十里洋场三教九流的了解之广泛，以及批判之深刻，恐怕在现代文学界无人能及。这些学问不仅从不诉诸著述，而且很少披露于课堂，大多是在茶余饭后的龙门阵中一显端倪。徐师与我在南京大学的导师邹恬先生风格相类，属于厌于张扬、腻于发表、勤奋做事、冷眼观世的那一类学者。徐老师确实特别勤奋，对学问之道可谓特别执着，单说他在《鲁迅大辞典》的组织、编撰工作中所付出的二十年劳绩，就足以证明这一点。同样执教于现代文学的芮和师先生和郑学弢先生也属于这样的学者。芮先生对于中国现代文学期刊的了解可以说在相当的范围内无人能及，实际上他自己曾经最有可能成为现代文学和文化期刊的收藏大家，只是抗日以后战火频仍、颠沛流离彻底粉碎了这种可能。郑学弢先生长于朗诵，我记得上大学后第一次听讲座就是听他讲诗歌朗诵技巧。当然他也示范着朗诵过几首诗，朗诵“我是一条天狗啊”的时候，为了引吭，脖子完全上仰，暴露出粗粗的喉结。如果说他的朗诵表演并不能十分令人佩服，这位教现代文学的先生对古代文学之精通，特别是对《世说新语》的研究之精湛，却是无人不服。在这些老师中，真正适合于朗诵的应是廖慧予先生，她那字正腔圆、毫不含糊的普通话以及音质良好的女中音，在讲述当代诗歌的时候使那些自认为具有朗诵天分的同学都为之折服。

就讲课艺术而论，为同学们所深深折服的还有教古代文学的吴启明先生，教文学理论的应启后先生，教外国文学的陆人豪先生，等等。与廖慧予先生正经八百的普通话相对照，吴启明先生几乎不会讲普通话，而是一口标准的吴方言读书音，他讲课就用这样的方音，抑扬顿挫，娓娓道来，宛如苏州评话，煞是引人入胜，不要说吴语区的学生，就是听不懂吴语的学生也被他的讲课艺术所深深感染。记得有一次讲《苏武牧羊》，提到苏武的父亲苏建，吴老师依照苏州话将“苏武的父亲”说成“苏武格衙（爷）”，课间休息，一位基本不懂吴语的同学向他提问：“‘衙’是什么？”吴老师恢复上课就这样开场：“刚塞（才）有个动窝（同学）扪（问）我，‘衙（爷）’，是啥么子？格（这）叫我哪恁（怎样）冈（讲）法子？衙（爷）是衙（爷），伲子（儿子）是伲子（儿子），衙（爷）是伲子（儿子）格（的）衙（爷），伲子（儿子）是衙（爷）格（的）伲子（儿子）……”当他说第一句的时候，教室内已经笑倒一片，这段话尚未说完，全体听课的学生早已笑得直不起腰来，假如有条件一定有许多人会叫自己的随从“揉揉肠子”，但吴老师依然一脸正经，不紧不慢地讲他的苏州“哎窝（话）”。应启后先生讲马列文论，内容之充实、思想之深邃自不必说，单说比喻之生动，就不由人不服。在讲到文艺作品既要有深刻的思想营养，又要有丰富生动的情节时，他用人体对于营养的摄入做比喻，说是人们进食虽是为了摄取营养，但如果直奔此一目的，纯粹就进食营养因素本身，上一盘清炒维生素，红烧葡萄糖，谁能受得了？这样的比喻无比生动又无比贴切，将文艺理论中的一个繁难问题在谈笑间解说得洞明透彻。应老师的讲课还善于举反面例证阐述正面理论。我当时曾写过一篇《应启后老师的讲课艺术》，“发表”于本班的墙报。陆人豪先生上课时衣着讲究，举止文雅，一副绅士派头，说话慢条斯理，却句句讲究韵味，述说作品情节则是不紧不慢，有声有色。

这些仅仅就是在大学课堂上品味老师讲课绝技所留下的深刻印象，其他老师有的虽不善言谈，却在讲课中充满着学术的启迪，如张永鑫先生、王永健先生，有的虽称不上口若悬河，却内容十分充实，如徐永端先生、何孔鲁先生等。当然这还仅仅限于给我所在班级上过课的文学学科的老师，尚不包括其他一些在苏州大学历届学生间享有盛名的师长，也不包括汉语专业的李晋荃先生，他在我的人生选择中起过关键性的指导作用。正是这些老师治学的成就和高超的讲课艺术，连同他们正直善良的为人，带着各具特色的声腔和表情，给学生时代的我留下了深刻的印象，在我也忝为人师之后，正是这些印象引导着我，催逼着我，锻炼着我，让我在求学之路上保持着兴致与意志。

在我所游历过的大学中，苏州大学不算特别起眼的学校，正像在我游历过的城市中，苏州不能算是特别辉煌的城市一样；但苏州大学内蕴之厚重，同苏州这座城市的厚重正可比拟。厚重的风格来自于不事张扬的做派，苏州应算得上是一座特别岑静的城市，这样的岑静同样存在于古老的东吴园，苏州大学在岑静中显示着外人难以勘破的厚重。

我这当然说的是我印象中的苏州大学，原称江苏师范学院的那所学校。现在的苏州大学在规模上比那时候扩大了几倍，苏州这座古城也已改变了好些模样。大学在发展，城市在变化，但这所大学和这座城市所具有的岑静而厚重的风格应不会成为这种发展与变化的代价。

2004年

（录自《从俗如流》，作家出版社，2015年版）

我的辅仁四年

来新夏

上大学是我从上高中起就憧憬向往已久的未来，并做了许多考大学的充分准备。1942年，高中毕业，就面临择校的问题。当时正处在日寇占领时期，京津地区比较有名的大学是北京大学、燕京大学和辅仁大学。北大虽是老字号，但是日伪直接管理的学校，不甘心报考。燕京大学是英、美系统的大学，已处在岌岌可危的境地，随时将面临被封闭接受的噩运。只有辅仁大学，虽校龄很短，但因是德国教会主政，而德国是轴心国之一，日寇因同盟关系，不得不在形式上宽松些，辅仁似乎处在超然地位。许多著名老师也多齐集辅仁，因此成为大多数青年学子报考的焦点。我就是这年秋季考入辅仁，实现大学梦的一员。

我进入的辅仁大学，校龄只有二十几年，为什么会成为当时师生向往的学校而成为名校。主要原因，一是当时的时代背景，沾了日德同盟的光。二是特别重要的原因，就是它不以校园宏伟称胜，而是广集人才，集中若干未能脱身敌占区羁绊的饱学之士。加以当时主持校务的陈垣校长交游甚广，诚邀诸多知名学者来校任教。即就文史方面而言，如余嘉锡、高步瀛、张星烺、朱师辙等老一辈的学者，还有很强的中年学者群体，如余逊、赵光贤、陆宗达、周祖谟、柴德赓、启功等先生，形成一支学术水平相当高的教师队伍。有名师就支撑一所名校，这在几十年后所显现的事实，就充分证明为什么建校不过二十几年，就能与当时几所名校争胜，并能蜚声于后来的办学诀窍。也证实后来清华大学校长梅贻琦先生所说，名校不是靠大楼，而是靠大师（大意），确是至理名言。

辅仁的名师队伍不是一种陈设，不是虚用名义以广招徕，更不是利益交换那种名誉、客座之类，而是实职人员，是亲临教学第一线的老师。陈垣老师以身作则，不仅亲任校长，抵挡内外各方的众多事务，还像其他单纯担任教学的老师承担同样的工作量，开设《中国史学名著评论》《中国佛教史籍概论》《史源学实习》等打基础的课程。另外还主持全校的《大一国文》工作，其负担沉重可知。张星烺老师除了担任历史学系主任，中国通史系列分段讲授课程中的秦以前史、宋辽金元史外，还开设《中西交通史》。

这些名师不但认真教好书外，还在课外做了许多令人感动的育人示范。他们都是学术素养甚深的名师。但从无一人自命为大师而表现傲慢，对学生循循善诱，启发你如何走学术之路。他们都承担教学与辅导工作，亲自改学生作业与笔记，发还时同学间争相参读老师的批语。张星烺先生因方言较重，语速过快，所以写了很详细的讲义发给学生，以解决复习困难。陈垣老师每次布置作业，都与学生同做，并与学生作业共同张贴在课堂上，相互评论，批改作业细到改正错字。有一次我随意把“本”字一竖写成带钩的样子，陈老师在字旁画了一个大叉，在眉批上写了“本无钩”，次日并召我到办公室，为我讲了为什么不带钩的道理，使我终生难忘，竭力注意写错字的事。

我的校园生活很简单，四年的修业期间，我过着三角形模式的生活。每天从宿舍到课堂，再到图书馆，再回宿舍。每天二十四小时也是三角形模式。三分之一在课堂（听课、整理笔记、写作业），三分之一在校内外图书馆（读书，查核课堂笔记中引用的原著博涉有关图籍，储存和积累资料），三分之一在宿舍（休息、睡眠）。四年的刻板生活，没有感到枯燥。认真听课，广泛阅读，心无旁骛，却为我奠定了今后学术道路的坚实基础。我感谢辅仁，我更感念老师们的浇灌、培育。

辅仁四年，时间虽短，受益无穷。面对现状，得不深思！

（原载2013年6月6日《今晚报》）

辑四　永远的校园

“上大学”

启　功

提起上大学，无疑的都是指到大学读书，以至毕业取得学位。我这里所说的“上大学”则是双关语，含意是在大学里做工作，学到怎样教学、怎样治学，尤其重要的是怎样去思考学术上的问题。

我一周岁时失去父亲，十周岁时失去祖父，不到三十岁的寡母和一位没出嫁的姑姑抚养我这个孤儿。我的曾祖和祖父都是科举考试出身的，生平所做的官，绝大多数是主考、学政之类，因而并无财产遗留。我们母子的生活，只靠祖父的“门生”，特别是邵明叔、唐子秦两位先生为之募集经营，邵老伯还每一二周要看我的作业。如果一个月没去呈教，他老先生就自己到我家来了。唐老伯有一次看见我作的诗，意兴衰飒，竟流下眼泪，加以教导。

小学毕业考上了中学，这时已从贾羲民先生学画，从戴绥之先生读书，学“古文辞”之学。由于对算术、外语不用功，没兴趣，终至不及格，也无法再往下念了。生活用费是不等待人的，我原无“大志”，只想做个小职员，能够奉养母亲、姑姑，也就过得去了。原指望求一位企业家的老世交为我安置一个小位置而终不可得。

老世交傅沅叔先生把我介绍给恩师陈援庵先生。特别要说明，这个“恩”字，不是普通恩惠之恩，而是再造我的思想、知识的恩谊之恩！陈老师把我派在辅仁大学附属中学，教初中一年级的“国文”，我很满足了，总算有了一个职业，还可有暇念书学画，结果中学负责人说我没有大学文凭，就来教中学，不合格，终被停止续聘了。陈老师又把我调到辅仁大学美术系做助教，但还是在那位中学负责人统治之下，托故把我又刷了。陈老师最后派我教大学一年级的“普通国文”，这课是陈老师自己带头并掌握全部课程的。老师自己选课文，自己随时召集这课的教员指示教法，自己也教一班来示范。这项工作，延续好多年，我们这些“普通国文”班底中所有的教员，无论还教其他什么专门课程，而这门“普通国文”课，总是“必教课”，事实上是我们的“必修课”，因为教这课，就必须随时和老师见面，所指示的，并不总是课内的问题，上下纵横，无所不谈。从一篇文章的讲法，常常引到文派学派的问题，从一个字句的改法，也会引到文章的作法、文格的新旧问题。遇到一个可研究的问题，老师总是从多方面启发我们的兴趣，引导我们写文章。如果有篇草稿了，老师的喜悦表情，总是使我如同得了什么奖品。但过不了两天，“发落”这篇“作业”时，就不好受了。一个字眼的不合逻辑，一个意思雷同而表面两样的句子，常被严格挑出来，问得我哑口无言。哑口无言还不算，常常被问要怎么改。哎呀！我如果知道怎么改，岂不早就不那么写了吗？吃瘪之后，老师慢慢说出应该怎么改。这样耳提面命的基本训练，哪个大学里、哪个课程中、哪位教授的班上能够得到呢？试问我教书以来，对我教的学生，是否也这样费过心力呢？想起来，真如芒刺在背，不配算这位伟大教育家的门徒！如果我的一篇文章发表了，老师每每提醒旁人去看，如果有人夸奖几句，其实很明显是夸奖给老师听的，那时老师的得意笑容，我至今都可以蘸着眼泪画出来！

解放后，凡我参加什么书的编写，写了什么学术的讨论文章，领导上以为可鼓励处，都向老师去说。老师都向人表示“理所当然”似的说：“本来吗，他如何如何……（的好）。”这些事和话老师从来不告诉我，这是我从旁人得知的。一次一项有争论的学术问题，我勉强仓促地写了文章，幸而合格。领导去向老师夸奖，老师虽仍然表示了“理所当然”似的态度，但这次并未事先见到原稿。事后把我叫去说：“以后你们写文章，务必先给我看！”这时已是浩劫的前夕，老师已然有病了。对一个学生每走一步，还要如此关心。我还想，我的工作、文章，人家为什么都向老师去说，不言而喻，老师平日揄扬得深广，岂不可想、可知、可见了吗！

另一个场合，即是辅仁大学的教员休息室。当时一个大学的总人数，还不及今天一个系的人那么多。各系的教师，上课前、下课后都必到这里来。几位老学者，更是经常到这个休息室来。以文史这方面的先生说，像沈兼士先生、余嘉锡先生、于省吾先生、容庚先生、唐兰先生、郭家声先生、张效彬先生、戴君仁先生、缪金源先生，有专任的也有兼课的。陈老师虽有校长办公室，但仍然经常到这里来。这间大屋子里总是学术空气浓浓的。抗战了，大家讨论无不慷慨激昂。敌人反动高压加强后，这个屋中还潜流着天地正气。

这个屋子并不是“俱乐部”，而是个大讲堂。可以说，这里边有任何讲堂中学不到的东西。对当时社会上、学术中变节事敌的人的批评自不待言，学术上有某人的一篇文章在报纸杂志上刊出，一本著作，以至什么书籍的出版，都可以听到很重要的评论。那些评论，哪怕片语只词，往往有深重的意义。“顺藤摸瓜”，回去自己再找那文、那书来看，真收获“问一得三”之益，实际是“听一得三”的。

古书版本，哪家注释好，哪本错字多，哪家诗文如何，哪种“名著”“不值一看”。哪个字怎么讲，怎么写，是“木”旁、是“手”旁。诸如此类，从大到小，小到偏旁点画的问题，都总会使我有“虚往实归”之感。

一首诗、一张字，常见老先生们自己拿着图钉按在墙上展览，一件小古董、一张拓片、一本书，也常有人拿来共赏。摩尔根一本论古代社会的书，有人新译成中文，几位老先生互相传观赞叹。值得注意的是，这些老先生特别是陈、沈、余诸位都是纯读古书的，他们未曾接触西洋文化，即使接触过一些，也是间接的或科技的常识。但他们这时是如此的虚心，立刻联想到治中国古史的种种问题。解放初期，陈老师拿了许多马列主义的通俗宣传小册子，手持放大镜，没日没夜地看。结果病倒了，护士把小册子给收起来，才去休息。这样如饥似渴地接受新鲜事物，在学术上无成见，不怕人说"你连摩尔根的书都没瞧过？"我觉得如果有说这样话的人，他才是真没知识的。

沈先生是文字音韵学的大家，一次有人问某一个字究竟应念什么音，先生说："大家怎么念，就念什么。"我刚听了，不觉一愣。问者正是要得到最标准、最"正"的读音，怎么这位大权威却说出这个答案？后来逐渐懂了，语音本来是客观上各不相同的，陆法言"我辈数人定则定矣"的话，说明了多么大的问题。沈先生这句话是陆法言的一个"转语"（借用禅宗的术语）。一千几百年来，古今音韵学中，前后有这两句话，就都包括进去了。一位学者之通、之大，就在这里！"定"有功于语音统一；音从大众，实际音是来自大众，这句话是如何的尊重事实，是如何的透彻古今。

沈先生最重要的学术主张，是声训、意符。我不曾深入学过文字声韵之学，但每每听到先生的议论，使我得知学问不是死的，后来我每逢和人谈到我对许多问题的理解时，常用个比喻说，盘子不是永远向上盛东西的，立起来也可当小车轮子用。“学”与“思”相辅相成，体味诸老辈的言行，从中可以增加无穷的智力。

沈先生平生最慕朱筠，提拔寒畯，乐道后学之长，甚至于不避夸张。具体事例，这里来不及多举了。当时我这个学无一长的青年，也在先生揄扬、提拔、鼓励、鞭策之中，向旁人说到我时，语气总是那样肯定。我去年得到一副朱笥河先生的亲笔对联，每挂在墙上，务心酸一次。

我还曾“亲炙”余嘉锡先生。先生的学问深邃，人所共仰。而人品的方严，取予之不苟，若非亲受过教诲的人，是不易知道的。先生学问之博，用力之勤，治学态度的严肃，恐怕现在说给后学听，可能并不会相信。先生平生用力最大的是《四库提要辨证》，繁征博引，目的是“归于一是”。他的底稿都是自己用极其工整的小楷写成的，极少涂抹。可见起草过程也就是构思过程，也是誊清过程。我没有资格仰赞先生学问的涯涘，我只举一点体会。我们试翻一条提要辨证，即使不是专为看对某一古书的结论，只看这篇考辨过程，所得的收获，除这一古书的结论外，还会知道许多怎样探索、怎样分析判断的方法。一段段地引，一段段地阐述，好像很“笨”地专跟提要“过不去”。事实上，这时提要已成了先生学术总体的一个货架子，而这架子却没有档格，互相流通的。从这里认识到先生对古书、古学说，都在极扎实的根据上，驳倒前人那些率尔做出的误说。受到最深刻的教导，是懂得对古人的成说，不可盲从，不可轻信。

先生病重时，我去看望，那时已经患了“中风”，说话不太利落。见面后，从抽屉中拿出新写的提要辨证一些条，字迹虽然颤抖，但依然没有涂抹。虽不能知这几页是否是最后的绝笔，但我知道这时离先生逝世并不太远。我觉得应该把这些页遗墨珍重地影印出来，教后学得知什么是“死而后已”！

当我二十一岁初出茅庐时的第一个朋友是牟润孙先生，接着认识台静农、储皖峰、赵荫棠诸先生，都是在附中教书的时候。后来认识余逊、柴德赓几位先生。我比他们都年小，比台小十岁，比柴小四岁。周祖谟先生来了，才有比我小两岁的。这些朋友对我的“益”，又常有诸师长所起不到的作用。因为首先可以没有礼法可拘。我向他们任何人请教什么问题，绝没有吞吞吐吐考虑成熟才说的必要，都是单刀直入。他们的答案，有时是夹杂着开玩笑而说出的。这样声入心通，有哪个课堂上所讲的东西能够相比呢？

现在牟润孙先生在香港，前几年他初次来京，我们相对痛哭，后来虽有较多见面的机会，但究竟是难共晨夕的。台静农先生远在台北，今年已经八十四岁了。周祖谟先生虽在北京，但远隔重闉，我又牵于俗冗，见面还是很少的。

我近年常有最刺心的事，就是学术上每有疑问，或遇小小心得，总感到无处请益。有时刊出了一篇拙稿，印成了一本小册，明知是极不成熟的，但想到热切期望我有所成就的，坚定预言我可以造就的恩师们已看不见了。古人对亡亲“焚黄祭告”的心理，是何等痛苦，就不难明白了。

辅仁大学校友会要出一本书，教我写一篇我的经历和回忆，现在仓促写了这篇，姑且标题为《上大学》。这个题目，开始处已略交代，这里再补充几句：我上这个大学，没有年限，没有文凭。但也可以说有的，这张文凭，奇怪的是我自己用笔写出来的。

如要开列职务经历，真贫乏得很了。即是附中教员、大学助教、大学普通课教员、讲师、副教授。解放了，院系调整，成为新师大，1956年被评选为教授，次年取消，1976年以后重算教授了。

回忆这五十多年，我总是在“失”中获“得”，使我“得”的固然有恩，使我“失”的实起了促进、激励作用，其恩亦何可泯！陈老师去世后，我曾私撰一副挽联，那时浩劫未完，不敢写出。后来在一篇纪念老师的文章题为《夫子循循然善诱人》的文章中录出过，现在重写在这里：

依函丈卅九年，信有师生同父子；

刊习作二三册，痛余文字答陶甄！

1985年5月15日

（录自《启功全集》第四卷，北京师范大学出版社，2010年版）

霞落燕园

宗　璞

北京大学各住宅区，都有个好听的名字。朗润、蔚秀、镜春、畅春，无不引起满眼芳菲和意致疏远的联想。而燕南园只是个地理方位，说明在燕园南端而已。这个住宅区很小，共有十六栋房屋，约一半在五十年代初已分隔供两家居住，“文革”前这里住户约二十家。63号校长住宅自马寅初先生因过早提出人口问题而迁走后，很长时间都空着。西北角的小楼则是党委统战部办公室，据说还是冰心前辈举行“第一次宴会”的地方。有一个游戏场，设秋千、跷板、沙坑等物。不过那时这里的子女辈多已在青年，忙着工作和改造，很少有闲情逸致来游戏。

每栋房屋照原来设计各有特点，如56号遍植樱花，春来如雪。周培源先生在此居住多年，我曾戏称之为周家花园，以与樱桃沟争胜。54号有大树桃花，从楼上倚窗而望，几乎可以伸手攀折，不过桃花映照的不是红颜，而是白发。61号的藤萝架依房屋形势搭成斜坡，紫色的花朵逐渐高起，直上楼台。随着时光流逝，各种花木减了许多。藤萝架已毁，桃树已斫，樱花也稀落多了。这几年万物复苏，有余力的人家都注意绿化，种些植物，却总是不时被修理下水道、铺设暖气管等工程毁去。施工的沟成年累月不填，各种器械也成年累月堆放，高高低低，颇有些惊险意味。

这只不过是最表面的变化。迁来这里已是第三十四个春天了。三十四年，可以是一个人的一辈子，做出辉煌事业的一辈子。三十四年，婴儿已过而立，中年重逢花甲。老人则不得不撒手另换世界了。燕南园里，几乎每一栋房屋都经历了丧事。

最先离去的是汤用彤先生。我们是紧邻。1964年的一天，他和我的父亲同往人民日报开会批判胡适先生，回来车到家门，他忽然说这是到了哪里，找不到自己的家。那便是中风先兆了。不久逝世。记得曾见一介兄从后角门进来，臂上挂着一根手杖。我当时想，汤先生再也用不着它了。以后在院中散步，眼前常浮现老人矮胖的身材，团团的笑脸。那时觉得死亡真是不可思议的事。

1977年我自己的母亲去世后，死亡不再是遥远的了，而是重重地压在心上，却又让人觉得空落落，难予填补。虽然对死亡已渐熟悉，后来得知魏建功先生在一次手术中意外地去世时，还很惊诧。魏家迁进那座曾经空了许久的63号院，是在七十年代初，但那时它已是个大杂院了。

65号哲学系郑昕先生、后迁来的东语系马坚先生和抱病多年的老住户历史系齐思和先生俱以疾终。1982年父亲和我从美国回来不久，我的弟弟去世，在悲苦忙乱之余忽然得知52号黄子卿先生也去世了。黄先生除是化学家外，擅长旧体诗，有唐人韵味。老一代专家的修养，实非后辈所能企及。

女植物学家吴素萱先生原在北大，后调植物所工作，一直没有搬家。七十年代末期我进城开会，常与她同路。她每天六点半到公共汽车站，非常准时。常把校园里的植物向她请教。她都认真回答，一点不以门外汉的愚蠢为可笑。她病逝后约半年，《人民日报》刊登了一张她在看显微镜的照片。当时传为奇谈。不过我想，这倒是这些先生们总的写照。九泉之下，所想的也是那点学问。

冯定同志是老干部，和先生们不同。在55号住了几十年，受批判也有几十年了。他有一句名言“不当检讨的英雄”，不管这是针对谁的，我认为这是一句好话，一句有骨气的话。听说一个小偷到他家破窗而入行窃，翻了半天才发现有人坐在屋中，连忙仓皇逃走，冯定对他说“下回请你从门里进来”。这位老同志在久病备受折磨之后去世了。到他为止，燕南园向人世告别的“户主”已有十人。

但上天还需要学者。1986年3月6日，朱光潜先生与世长辞。

朱家在“文革”后期从燕东园迁来，与人合住了原统战部小楼。那时燕南园已约有八十余户人家。兴建了一座公厕，可谓“文革”中的新生事物，现在又经翻修，成为园中最显眼的建筑。朱家也曾一度享用它。据朱太太奚今吾说，雨雪时先由家人扫出小路，老人再打着伞出来。令人庆幸的是北京晴天多。以后大家生活渐趋安定，便常见一位瘦小老人在校园中活动，早上举着手杖小跑，下午在体育馆前后慢走。我以为老先生们大都像我父亲一样，耳目失其聪明，未必认得我，不料他还记得，还知道些我的近况，不免暗自惭愧。

我没有上过朱先生的课，来往也不多。1960年10月我调往《世界文学》编辑部，评论方面任务之一是发表古典文艺理论。我们组到的第一篇稿子是朱先生摘译的莱辛名著《拉奥孔：论画和诗的界限》，原书十六万字，朱先生摘译了两万多字，发表在1960年12月《世界文学》上。记得朱先生在译后记中论及莱辛提出的为什么拉奥孔在雕刻里不哀号，在诗里却哀号的问题。他用了化美为媚的说法。并曾对我说用“媚”字译charming最合适。媚是流动的，不是静止的；不只有外貌的形状，还有内心的精神。“回头一笑百媚生”，那“生”字多么好！我一直记得这话。1961年下半年他又为我们选译了一组文艺复兴时代意大利文艺理论，都极精彩。两次译文的译后记都不长，可是都不只有材料上的帮助且有见地。朱先生曾把文学批评分为四类，以导师自居、以法官自命、重考据的古人和着重在自己感受的印象派批评。他主张后者。这种批评不掉书袋，却需要极高的欣赏水平，需要洞见。我看现在《读书》杂志上有些文章颇有此意。

也不记得为什么，有一次追随许多老先生到香山，一个办事人自言自语："这么多文曲星！"我便接着想，用满天云锦形容是否合适，满天云锦是由一片片霞彩组成的。不过那时只顾欣赏山的颜色，没有多注意人的活动。在玉华山庄一带观赏之余，我说我还从未上过"鬼见愁"呢，很想爬一爬。朱先生正坐在路边石头上，忽然说，他也想爬上"鬼见愁"。那年他该是近七十了，步履仍很矫健。当时因时间关系，不能走开，还说以后再来。香山红叶的霞彩变换了二十多回，我始终没有一偿登"鬼见愁"的夙愿，也许以后真会去一次，只是永不能陪同朱先生一起登临了。

"文革"后期政协有时放电影，大家同车前往。记得一次演了一部大概名为《万紫千红》的纪录片，有些民间歌舞。回来时朱先生很高兴，说"这是中国的艺术，很美！"他说话的神气那样天真。他对生活充满了浓厚的感情和活泼泼的兴趣，也只有如此情浓的人，才能在生活里发现美，才有资格谈论美。正如他早年一篇讲人生艺术化的文章所说，文章忌俗滥，生活也忌俗滥。如季札挂剑夷齐采薇这种严肃的态度，是道德的也是艺术的。艺术的生活又是情趣丰富的生活。要在生活中寻求趣味，不能只与蝇蛆争温饱。记得他曾与他的学生澳籍学者陈兆华去看莎士比亚的一个剧，回来要不到出租车。陈兆华为此不平，曾投书《人民日报》。老先生潇洒地认为，看到了莎剧怎样辛苦也值得。

朱先生从“给青年的十二封信”开始，便和青年人保持着联系。我们这一批青年人已变为中年而接近老年了，我想他还有真正的青年朋友。这是毕生从事教育的老先生之福。就朱先生来说，其中必有奚先生内助之功，因为这需要精力、时间。他们曾要我把新出的书带到澳洲给陈兆华，带到社科院外文所给他的得意门生朱虹。他的学生们也都对他怀着深厚的感情。朱虹现在还怪我得知朱先生病危竟不给她打电话。

然而生活的重心、兴趣的焦点都集中在工作，时刻想着的都是各自的那点学问，这似乎是老先生们的共性。他们紧紧抓住不多了的时间，拼命吐出自己的丝，而且不断要使这丝更亮更美。有人送来一本澳大利亚人写的美学书，托我请朱先生看看值得译否。我知道老先生们的时间何等宝贵，实不忍打扰，又不好从我这儿驳回，便拿书去试一试。不料他很感兴趣，连声让放下，他愿意看。看看人家有怎样的说法，看看是否对我国美学界有益。据说康有为曾有议论，他的学问在二十九岁时已臻成熟，以后不再求改。有的老先生寿开九秩，学问仍和六十年前一样，不趋时尚固然难得，然而六十年不再吸收新东西，这六十年又有何用？朱先生不是这样。他总在寻求，总在吸收，有执着也有变化。而在执着与变化之间，自有分寸。

老先生们常住医院，我在省视老父时如有哪位在，便去看望。一次朱先生恰住隔壁，推门进去时，见他正拿着稿子卧读。我说“不准看了。拿着也累，看也累！”便取过稿子放在桌上。他笑着接受了管制。若是自己家人，他大概要发脾气的。这是他生命中最重要的事啊。他要用力吐他的丝，用力把他那片霞彩照亮些。

奚先生说，朱先生一年前患脑血栓后脾气很不好。他常以为房间中哪一处放着他的稿子，但实际没有，便烦恼得不得了。在香港大学授予他荣誉学位那天，他忽然不肯出席，要一个人待着，好容易才劝得去了。一位一生寻求美、研究美、以美为生的学者在老和病的障碍中的痛苦是别人难以想象的。——他现在再没有寻求的不安和遗失的烦恼了。

文成待发，又传来王力先生仙逝的消息。与王家在昆明龙头村便曾是邻居，燕南园中对门而居也已三十年了。三十年风风雨雨，也不过一眨眼的工夫。父亲九十大寿时，王先生和王太太夏蔚霞曾来祝贺，他们还去向朱先生告别，怎么就忽然一病不起！王先生一生无党无派，遗命夫妇合葬，墓碑上要刻他1980年写的赠内诗。中有句云：“七省奔波逃狎犹，一灯如豆伴凄凉。”“今日桑榆晚景好，共祈百岁老鸳鸯。”可见其固守纯真之情，不与纷扰。各家老人转往万安公墓相候的渐多，我简直不敢往下想了。只有祷念龙虫并雕斋主人安息。

十六栋房屋已有十二户主人离开了。这条路上的行人是不会断的。他们都是一缕光辉的霞彩，又组成了绚烂的大片云锦，照耀过又消失，像万物消长一样。霞彩天天消去，但是次日还会生出。在东方，也在西方，还在青年学子的双颊上。

1986年5月

（原载1986年第4期《中国作家》）

永远的校园

谢　冕

一颗蒲公英小小的种子，被草地上那个小女孩轻轻一吹，神奇地落在这里便不再动了——这也许竟是夙缘。已经变得十分遥远的那个八月末的午夜，车子在黑幽幽的校园里林丛中旋转终于停住的时候，我认定那是一生中最神圣的一个夜晚：命运安排我选择了燕园一片土。

燕园的美丽是大家都这么说的，湖光塔影和青春的憧憬联系在一起，益发充满了诗意的情趣。每个北大学生都会有和这个校园相联系的梦和记忆。尽管它因人而异，而且也并非一味的幸福欢愉，会有辛酸烦苦，也会有无可补偿的遗憾和愧疚。

我的校园是永远的。因偶然的机缘而落脚于此，终于造成决定一生命运的契机。青年时代未免有点虚幻和夸张的抱负，由于那个开始显得美丽、后来愈来愈显得严峻的时代，而变得实际起来。热情受到冷却，幻想落于地面，一个激情而有些飘浮的青年人，终于在这里开始了实在的人生。

匆匆五个寒暑的学生生活，如今确实变得遥远了，但师长那些各具风采但又同样严格的治学精神影响下的学业精进，那些由包括不同民族和不同国籍同学组成的存在着差异又充满了友爱精神的班级集体，以及战烟消失后渴望和平建设的要求促使下向科学进军的总体时代氛围，给当日的校园镀上一层光环。友谊的真醇、知识的切磋、严肃的思考、轻松的郊游，甚至失魂落魄的考试，均因它的不曾虚度而始终留下充实的记忆。

燕园其实不大，未名不过一勺水。水边一塔，并不可登；水中一岛，绕岛仅可百余步；另有楼台百十座，仅此而已。但这小小校园却让所有在这里住过的人终生梦绕魂牵。其实北大人说到校园，潜意识中并不单指眼下的西郊燕园，他们大都无意间扩展了北大特有的校园的观念：从未名湖到红楼，从蔡元培先生铜像到民主广场。或者说，北大人的校园观念既是现实的存在，也是历史的和精神的存在。在北大人的心目中，校园既具体又抽象，他们似乎更乐于承认象征性的校园的精魂。

我同样拥有精神上的一座校园。我的校园回忆包蕴了一段不平常的记忆。时代曾给予我们那一代青年以特殊的际遇，及今思来，可说是痛苦多于欢愉。我们曾有个充满期待也充满困惑的春天。一个预示着解放的早春降临了，万物因严冬的解冻而萌动。北大校园内传染着悄悄的激动，年轻的心预感于富有历史性转折时期的可能到来而不安和兴奋。白天连着夜晚，关于中国前途和命运，关于人民的民主和自由的辩论，在课堂、在宿舍、在湖滨，也在大、小膳厅、广场上激烈地进行。

这里有向着习惯思维和因袭势力的勇敢抗争。那些富有历史预见和进取的思想，在那个迷蒙的时刻发出了动人的微光。作为时代的骄傲，它体现北大师生最敏感也最有锐气的品质。与此同时，观念的束缚、疑惧的心态、处于矛盾的两难境地的彷徨，更有年轻的心因沉重的负荷而暗中流血。随后而来的狂热的夏季，多雨而湿闷。轰然而至的雷电袭击着这座校园，花木为风雨所摧折。激烈的呼喊静寂以后，蒙难的血泪默默唤醒沉睡的灵魂。他们在静默中迎接肃杀的秋季和苍白而漫长的冬日。

那颗偶然落下的种子不会长成树木，但因特殊的条件被催化而成熟。都过去了，湖畔走不到头的花荫曲径；都过去了，宿舍水房灯下午夜不眠的沉思，还有轻率的许诺、天真的轻信。告别青春，告别单纯，从此心甘情愿地跋涉于泥泞的长途而不怨尤。也许即在此时，忧患与我们同在，我们背上了沉重的人生十字架。曼妙的幻想，节日的狂欢，天真的虔诚，随着无可弥补的缺憾而远逝。我们有自己的青春祭。从这个意义上说，这校园与我们青春的希望与失望相连，它永远。

燕园的魅力在于它的不单纯。就我们每个人说，我们把青春时代的痛苦和欢乐、追求和幻灭，投入并消融于燕园，它是我们永远的记忆。未名湖秀丽的波光与长鸣的钟声，民主广场上悲壮的呐喊，混成了一代人又一代人的校园记忆。一种眼前的柔美与历史的雄健的合成；一种朝朝夕夕的弦诵之声与岁岁年年的奋斗呐喊的合成；一种勤奋的充实自身与热情的参与意识的合成：这校园的魅力多半产生于上述那些复合丰富的精神气质的合成。

燕园有一种特殊的气氛：总是少有闲暇的急匆匆的脚步，总是思考着的皱着的眉宇，总是这样没完没了的严肃和沉郁。当然也不尽然，广告牌上那些花花绿绿的招贴，间或也露出某些诙谐和轻松，时不时地出现一些令人震惊的举动，更体现出北大自由灵魂的机智和聪慧。北大又是洒脱和充满了活力的。

这真是一块圣地。数十年来这里成长着中国几代最优秀的学者。丰博的学识，闪光的才智，庄严无畏的独立思想，这一切又与先于天下的严峻思考、耿介不阿的人格操守以及勇锐的抗争精神相结合。这更是一种精神合成的魅力。科学与民主是未经确认却是事实上的北大校训。二者作为刚柔结合的象征，构成了北大的精神支柱。把这座校园作为一种文化和精神现象加以考察，便可发现科学民主作为北大精神支柱无所不在的影响。正是它，生发了北大恒久长存的对于人类自由境界和社会民主的渴望与追求。

这里是我的永远的校园，从未名湖曲折向西，有荷塘垂柳、江南烟景，从镜春园进入朗润园，从成府小街东迤，入燕东园林荫曲径，以燕园为中心向四面放射性扩张，那里有诸多这样的道路。年复一年，日复一日，那里行进着一些衣饰朴素的人。从青年到老年，他们步履稳健、仪态从容，一切都如这座北方古城那样质朴平常。但此刻与你默默交臂而过的，很可能就是科学和学术上的巨人。当然，跟随在他们身后的，有更多他们的学生，作为自由思想的继承者，他们默默地接受并奔涌着前辈学者身上的血液——作为精神品质不可见却实际拥有的伟力。

这圣地绵延着不会熄灭的火种。它不同于父母的繁衍后代，但却较那种繁衍更为神妙，且不朽。它不是一种物质的遗传，而是灵魂的塑造和远播。生活在燕园里的人都会把握到这种恒远同时又是不具形的巨大的存在，那是一种北大特有的精神现象。这种存在超越时间和空间成为北大永存的灵魂。

北大学生以最高分录取，往往带来了优越感和才子气。与表层现象的骄傲和自负相联系的，往往是北大学生心理上潜在的社会精英意识：一旦佩上北大校徽，每个人顿时便具有被选择的庄严感。北大人具有一种外界人很难把握的共同气质，他们为一种深沉的使命感所笼罩。今日的精英与明日的栋梁，今日的思考与明日的奉献，被无形的力量维系在一起。青春曼妙的青年男女一旦进入这座校园，便因这种献身精神和使命感而变得沉稳起来。

这是一片自由的乡土。从上个世纪末叶到如今，近百年间中国社会的痛苦和追求，都在这里得到集聚和呈现。沉沉暗夜中的古大陆，这校园中青春的精魂曾为之点燃昭示理想的火炬。

一代又一代的中国学者，从这里眺望世界，用批判的目光审度漫漫的封建长夜，以坚毅的、顽强的、几乎是前仆后继的精神，在这片落后的国土上传播文明的种子。近百年来这种奋斗无一例外地受到阻遏。这里生生不息地爆发抗争。北大人的呐喊举世闻名。这呐喊代表了民众的心声。阻遏使北大人遗传了沉重的忧患。于是，你可以看到一代又一代人的沉思的面孔总有一种悲壮和忧愤。北大魂——中国魂在这里生长，这校园是永远的。

怀着神圣的皈依感，一颗偶然吹落的种子终于不再移动。它期待并期许一种奉献，以补偿青春的遗憾，并至诚期望冥冥之中不朽的中国魂永远绵延。

（录自《精神的魅力》，北京大学出版社，1988年版）

想起清华种种

——八十校庆感言

王佐良

我只是清华几万校友中的一个，现已不在清华工作，然而一说起这所学校，至今仍像年轻时候一样兴奋，话也像说不完似的。

清华吸引人的究竟是什么？它有很好的校园、设备，但这些别校也有；它的历史也不很长，世界大学中，成立已几百年的有的是。想来想去，还是由于清华的人，或者说清华人和中国历史的特殊关联。

说起清华人，我怀念我的老师们。大学一年级，俞平伯、余冠英两先生教我国文，一位教读本，一位教作文，都亲切而严格，有一次余先生指出我把爬山虎写成紫荆的错误，但又要我多写几篇给他看。二年级，贺麟老师教我西洋哲学史，见了我长达百页的英文读书报告不仅不皱眉，反而在班上表扬我；

正是在他的指导之下，我读了不少古希腊哲学家著作的英译，真有发现新星球似的喜悦。温德老师在工字厅讲意大利文艺复兴时期艺术，打开许多画册让我们传阅，幽默地然而严格地区分画的优劣。同样难忘的事还多，那时候日本军队已在华北城市大街上演习，而清华的师生则在学术上特别争气，不久又在政治上发动了公然反日的“一二·九”运动。

我们这一级（1935—1939）还有一段特殊经历，即抗日战争的锻炼。我们两年在清华园度过，两年在长沙、南岳、蒙自、昆明度过。有的同学进入解放区打游击，大多数在大后方直接或间接地参加过战争工作。但是学术上并未放松。昆明西南联大集北大、清华、南开三校的精华，师生在最简陋的条件下做出了当时第一流的研究成绩，青年人的成长分外迅猛。走遍半个中国给了我们以接触内地实际的宝贵经验，这是在清华园小范围内埋头读书所无法得到的。所以这次大转移又是我们知识和感情上的一次大扩充。

然而我们仍然怀念清华园。在昆明读书和教书的八年里，可以说没有一天不想念北方的故土。中国历史上，汉族士大夫几度被赶出北方，却没有一次能够回去。正如冯友兰先生指出的，只有这一次抗日不同。我们战胜了，1946年夏我从昆明带着妻儿重新回到了清华园，虽然校舍残破，校园荒芜，但有陈岱孙先生领导一批员工在进行大规模的复校工作，不久就在北方的灿烂秋阳中重新上课，清华人意兴之豪，达到了一个新的高度。

接着，我出国留学。等我回来，清华园已经解放，开始了一个新的历史时期。

后来我转入别的学校工作。但是我心里始终保持着一种清华做学问的标准。

这标准并无人明确定出，但是无数师友“行胜于言”的实际榜样却使我悟到：做学问必须要有最高标准，而取得学问却是为了报效国家。简单说，就是卓越与为公。

卓越就是不满足于一般地做好。清华的师生中，不少人达到本门学问的顶峰。打开任何一本中国名人录，无论文史哲政经法律科学技术哪一门，都有大量清华人站在成就的最前沿。卓越也意味着不囿于中国旧说或西方新论，而能突破界限，实现新探索新综合。闻一多先生如此，华罗庚先生如此，至今著作不辍的钱锺书先生也如此。清华多的是现代型的学者，即精研本业之外，又通晓中国和世界文化实况；不仅知中，还懂外，因懂而又了解其真正长处与弊病，从而更珍惜中国本身的优点。金岳霖先生是深知西方现代哲学的一人，并且是研究各种思维形式的思想美学家，但他又早就看清西方文化的迷失，称之为“类似盛装待发而无约会可赴”；后来他真诚地信仰了马克思主义，不是突然的转向，而是早就有了前因的。

为公就是以所学贡献国家，为人民服务。清华校河边小山上有一块“清华英烈”纪念碑，碑上刻了从抗日一直到解放战争时期牺牲的烈士名单，我的级友中就有两位。清华像是一个世外桃源，但清华人却一直注视外界。我的记忆里还响着“一二·九”前夕大礼堂集会的紧急钟声。1949年大陆还未完全解放，就有大批在外国留学、学有所成的清华人冲破封锁，赶回大陆，明知条件艰苦，却定要在建设新社会的伟大工作里贡献一份力量。这些事在当时是视为当然，根本不成问题的。而回来之后，或在两弹的研制上，或在一汽二汽的建立上，或在广大的文教科技战线上，都做出了重要成绩，往往还起了关键性作用。

因为这些，我深知我的母校的可贵。我也曾在西方读书和讲学，到过不少第一流学府，也很喜欢它们，但我心里仍然保有清华的形象，不怕拿清华同它们相比，因为我知道：在多灾多难的中国现代史上，我的母校尽到了一所大学应起的作用——培养爱国的、学识精湛的专门家，在中国的革命和复兴里立下了功劳。

（录自《中楼集》，辽宁教育出版社，1995年版）

晚翠园曲会

汪曾祺

云南大学西北角有一所花园，园内栽种了很多枇杷树，“晚翠”是从千字文“枇杷晚翠”摘下来的。月亮门的门额上刻了“晚翠园”三个大字，是胡小石写的，很苍劲。胡小石当时在重庆中央大学教书。云大校长熊庆来和他是至交，把他请到昆明来，在云大住了一些时候。胡小石在云大、昆明写了不少字。当时正值昆明开展捕鼠运动，胡小石请有关当局给他拔了很多老鼠胡子，做了一束鼠须笔，准备带到重庆去，自用、送人。鼠须笔我从书上看到过，不想有人真用鼠须为笔。这三个字不知是不是鼠须笔所书。晚翠园除枇杷外，其他花木少，很幽静。云大中文系有几个同学搞了一个曲社，活动（拍曲子、开曲会）多半在这里借用一个小教室，摆两张乒乓球桌，二三十张椅子，曲友毕集，就拍起曲子来。

曲社的策划人实为陶光（字重华），有两个云大中文系同学为其助手，管石印曲谱，借教室，打开水等杂务。陶光是西南联大中文系教员，教“大一国文”的作文。“大一国文”是各系大一学生必修。联大的“大一国文”课有一些和别的大学不同的特点。一是课文的选择。诗经选了“关关雎鸠”，好像是照顾面子。楚辞选《九歌》，不选《离骚》，大概因为《离骚》太长了。《论语》选《子路、曾皙、冉有、公西华侍坐》。“莫春者，春服既成，冠者五六人，童子六七人，浴乎沂，风乎舞雩，咏而归”，这不仅是训练学生的文字表达能力，这种重个性，轻利禄，潇洒自如的人生态度，对于联大学生的思想素质的形成，有很大的关系，这段文章的影响是很深远的。联大学生为人处世不俗，夸大一点说，是因为读了这样的文章。这是真正的教育作用，也是选文的教授的用心所在。

魏晋不选庾信、鲍照，除了陶渊明，用相当多篇幅选了《世说新语》，这和选《子路、曾皙、冉有、公西华侍坐》，其用意有相通处。唐人文选柳宗元《永州八记》而舍韩愈。宋文突出地全录了李易安的《金石录后序》。这实在是一篇极好的文章，声情并茂。到现在为止，对李清照，她的词，她的这篇《金石录后序》还没有给予应有的重视，她在文学史上的位置还没有摆准，偏低了。这是不公平的。古人的作品也和今人的作品一样，其遭际有幸有不幸，说不清是什么缘故。白话文部分的特点就更鲜明了。鲁迅当然是要选的，哪一派也得承认鲁迅，但选的不是《阿Q正传》而是《示众》，可谓独具只眼。选了林徽因的《窗子以外》、丁西林的《一只马蜂》(也许是《压迫》)。林徽因的小说进入大学国文课本，不但当时有人议论纷纷，直到今天，接近二十一世纪了，恐怕仍为一些铁杆左派所反对，所不容。但我却从这一篇小说知道小说有这种写法，知道什么是“意识流”，扩大了我的文学视野。“大一国文”课的另一个特点是教课文和教作文的是两个人。教课文的是教授、副教授，教作文的是讲师、教员、助教。为什么要这样分开，我至今不知道是什么道理。我的作文课是陶重华先生教的。他当时大概是教员。

陶光（我们背后都称之为陶光，没有人叫他陶重华），面白皙，风神朗朗。他有一个特别的地方，是同时穿两件长衫。里面是一件咖啡色的夹袍，外面是一件罩衫，银灰色，都是细毛料的。于此可见他的生活一直不很拮据——当时教员、助教大都穿布长衫，有家累的更是衣履敝旧。他走进教室，脱下外衣，搭在椅背上，就把作文分发给学生，摘其佳处，很“投入”地（那时还没有这个词）评讲起来。

陶光的曲子唱得很好。他是唱冠生的，在清华大学时曾受红豆馆主（溥侗）亲授。他嗓子好，宽、圆、亮、足，有力度。他常唱的是“三醉”“迎像”“哭像”，唱得苍苍莽莽，淋漓尽致。

不知道为什么，我觉得陶光在气质上有点感伤主义。

有一个女同学交了一篇作文，写的是下雨天，一个人在弹三弦。有几句，不知道这位女同学的原文是怎样的，经陶先生润改后成了这样：

那湿冷的声音，湿冷了我的心。

这两句未见得怎么好，只是“湿冷了”以形容词作动词用，在当时是颇为新鲜的。我一直不忘这件事。我认为这其实是陶光的感觉，并且由此觉得他有点感伤主义。

说陶光是寂寞的，带有孤独感，当非误识。他的朋友不多，很少像某些教员、助教常到有权势的教授家走动问候，也没有哪个教授特别赏识他，只有一个刘文典（叔雅）和他关系不错。刘叔雅目空一切，谁也看不起。他抽鸦片，又嗜食宣威火腿，被称为“二云居士”——云土、云腿。他教《文选》，一个学期只讲了多半篇木玄虚的《海赋》，他倒认为陶光很有才。他的《〈淮南子〉校注》是陶光编辑的，扉页的“淮南子校注”也是陶光题署的。从扉页题署，我才知道他的字写得很好。

他是写二王的，临《圣教序》功力甚深。他曾把张充和送他的一本影印的《圣教序》给我看，字帖的缺字处有张充和题的字：

以此赠别 充和。

陶光对张充和是倾慕的，但张充和似只把陶光看作一般的朋友，并不特别垂青。

陶光不大为人写字，书名不著。我曾看到他为一个女同学写的小条幅，字较寸楷稍大，写在冷金笺上，气韵流转，无一败笔。写的是唐人诗：

故园东望路漫漫，
双袖龙钟泪不干。
马上相逢无纸笔，
凭君传语报平安。

这条字反映了陶光的心情。“炮仗响了”（日本投降那天，昆明到处放鞭炮，云南把这天叫作“炮仗响”的那天）后，联大三校准备北返，三校人事也基本定了，清华、北大都没有聘陶光，他只好滞留昆明。后不久，受聘云大，对“洛阳亲友”，只能“凭君传语”了。

我们回北平，听到一点陶光的消息。经刘文典撮合，他和一个唱滇戏的演员结了婚。

后来听说和滇剧女演员离婚了。

又听说他到台湾教书。悒郁潦倒，竟至客死台北街头。遗诗一卷，嘱人转交张充和。

正晚上拍着曲子，从窗外飞进一只奇怪的昆虫，不像是动物，像植物，体细长，约有三寸，完全像一截青翠的竹枝。大家觉得很稀罕，吴征镒捏在手里看了看，说这是竹节虫。吴征镒是读生物系的，故能认识这只怪虫，但他并不研究昆虫，竹节虫在他只是常识而已，他钻研的是植物学，特别是植物分类学。他记性极好，“文化大革命”时被关在牛棚里，一个看守他的学生给了他一个小笔记本，一支铅笔，他竟能在一个小笔记本上完成一部著作，天头地脚满满地写了蠓虫大的字，有些资料不在手边，他凭记忆引用。出牛棚后，找出资料核对，基本准确；他是学自然科学的，但对文学很有兴趣，写了好些何其芳体的诗，厚厚的一册。他很早就会唱昆曲，——吴家是扬州文史世家。唱老生。他身体好，中气足，能把《弹词》的“九转货郎儿”一气唱到底，这在专业的演员都办不到，——戏曲演员有个说法：“男怕弹词”。他常唱的还有《疯僧扫秦》。

每次做“同期”（唱昆爱好者约期集会唱曲，叫作同期）必到的是崔芝兰先生。她是联大为数不多的女教授之一，多年来研究蝌蚪的尾巴，运动中因此被斗，资料标本均被毁尽。崔先生几乎每次都唱《西楼记》。女教授，举止自然很端重，但是唱起曲子来却很“嗲”。

崔先生的丈夫张先生也是教授，每次都陪崔先生一起来。张先生不唱，只是端坐着听，听得很入神。

除了联大、云大师生，还有一些外来的客人来参加同期。

有一个女士大概是某个学院的教授的或某个高级职员的夫

人。她身材匀称，小小巧巧，穿浅色旗袍，眼睛很大，眉毛的弧线异常清楚，神气有点天真，不作态，整个脸明明朗朗。我给她起了个外号："简单明了"，朱德熙说："很准确"。她一定还要操持家务，照料孩子，但只要接到同期通知，就一定放下这些，欣然而来。

有一位先生，大概是襄理一级的职员，我们叫他"聋山门"。他是唱大花面的，而且总是唱《山门》，他是个聋子，——并不是板聋，只是耳音不准，总是跑调。真也亏给他擫笛的张宗和先生，能随着他高低上下来回跑。聋子不知道他跑调，还是气势磅礴地高唱：

树木杈枒，峰峦如画，堪潇洒，喂呀，闷煞洒家，烦恼天来大！

给大家吹笛子的是张宗和，几乎所有人唱的时候笛子都由他包了。他笛风圆满，唱起来很舒服。夫人孙凤竹也善唱曲，常唱的是《折柳·阳关》，唱得很婉转。"教他关河到处休离剑，驿路逢人数寄书"，闻之使人欲涕。她身弱多病，不常唱。张宗和温文尔雅，孙凤竹风致楚楚，有时在晚翠园（他们就住在晚翠园一角）并肩散步，让人想起"拣名门一例一例里神仙眷"（《惊梦》）。他们有一个女儿，美得像一块玉。张宗和后调往贵州大学，教中国通史。孙凤竹死于病。不久，听说宗和也在贵阳病殁。他们岁数都不大，宗和只三十左右。

有一个人，没有跟我们一起拍过曲子，也没有参加过同期，但是她的唱法却在曲社中产生很大的影响，张充和。她那时好像不在昆明。

张家姊妹都会唱曲。大姐因为爱唱曲，嫁给了昆曲传习所的顾传玠。张家是合肥望族，大小姐却和一个昆曲演员结了婚，门不当，户不对，张家在儿女婚姻问题上可真算是自由解放，突破了常规。二姐是个无事忙，她不大唱，只是对张罗办曲会之类的事非常热心。三姐兆和即我的师母，沈从文先生的夫人。她不太爱唱，但我却听过她唱《扫花》，是由我给她吹的笛子。四妹充和小时没有进过学校，只是在家里延师教诗词，拍曲子。她考北大，数学是零分，国文是一百分。北大还是录取了她。她在北大很活跃，爱戴一顶红帽子，北大学生都叫她“小红帽”。

她能戏很多，唱得非常讲究，运字行腔，精微细致，真是“水磨腔”。我们唱的《思凡》《学堂》《瑶台》，都是用的她的唱法（她灌过几张唱片）。她唱的《受吐》，娇慵醉媚，若不胜情，难可比拟。

张充和兼擅书法，结体用笔似晋朝人。

许宝騄先生是数论专家。但是曲子唱得很好。许家是昆曲大家，会唱曲子的人很多。俞平伯先生的夫人许宝驯就是许先生的姐姐。许先生听过我唱的一支曲子，跟我们的系主任罗常培（莘田）说，他想教我一出《刺虎》。罗先生告诉了我，我自然是愿意的，但稍感意外。我不知道许先生会唱曲子，更没想到他为什么主动提出要教我一出戏。我按时候去了，没有说多少话，就拍起曲子来：

银台上晃晃的凤烛墩，金猊内袅袅的香烟喷……

许先生的曲子唱得很大方，《刺虎》完全是正旦唱法。他的“擞”特别好，摇曳生姿而又清清楚楚。

许茹香是每次同期必到的。他在昆明航空公司供职，是经理查阜西的秘书。查先生有时也来参加同期，他不唱曲子，是来试吹他所创制的十二平均律的无缝钢管的笛子的（查先生是“国民政府”的官员，但是雅善音乐，除了研究曲律，还搜集琴谱，解放后曾任中国音协副主席）。许茹香，同期的日子他是不会记错的，因为同期的帖子是他用欧底赵面的馆阁体小楷亲笔书写的。许茹香是个戏篓子，什么戏都会唱，包括《花判》（《牡丹亭》）这样的专业演员都不会的戏。他上了岁数，吹笛子气不够，就带了一支“老人笛”，吹着玩玩。

这是一个非常有趣的老人。他做过很多事，走过很多地方，会说好几种地方的话。有一次说了一个小笑话。有四个人，苏州人、绍兴人、宁波人、扬州人，一同到一个庙里，看到四大金刚，苏州人、绍兴人、宁波人各人说了几句话，都有地方特点，轮到扬州人，扬州人赋诗一首：

四大金刚不出奇，
里头是草外头是泥。
你不要夸你个子大，
你敢跟我洗澡去！

扬州人好洗澡。早上皮包水，晚上水包皮。“去”读“kì”，正是扬州口音。

同期只供茶水。偶在拍曲后亦作小聚。大馆子吃不起，只能吃花不了多少钱的小馆。是“打平伙”，——北京人谓之“吃公墩”，各人自己出钱。翠湖西路有一家北京人开的小馆，卖馅儿饼、大米粥，我们去吃了几次。吃完了结账，掌柜的还在低头扒算盘，许宝騄先生已经把钱敛齐了交到柜上。掌柜的诧异：怎么算得那么快？他不知道算账的是一位数论专家，这点小九九还在话下吗？

参加同期、曲会的，多半生活清贫，然而在百物飞腾，人心浮躁之际，他们还能平平静静地做学问，并能在高吟浅唱、曲声笛韵中自得其乐，对复兴民族大业不失信心，不颓唐，不沮丧，他们是浊世中的清流，旋涡中的砥柱。他们中不少人对文化、科学做出了很大的成绩。安贫乐道，恬淡冲和，是中国的知识分子优良的传统。这个传统应该得到继承，得到扶植发扬。

又如此，则曲社同期无可非议。晚翠园是可怀念的。

1996年春节

（原载1996年第5期《当代人》）

想起了七十六年前的纪念

钱理群

自从北大南校门竖起了百周年校庆“倒计时”牌（我看来看去总觉得它像是个仿作），就天天在提醒人们，届时将是一个热闹的庆典。这年头庆典本来就多，正坐实了鲁迅的话：中国是一个喜欢演戏的游戏国；现在北大再来添一个庆典，校友们也趁此机会聚一聚，热闹热闹，这本是情理中的事。我既是北大中人，好像就应有凑热闹的义务。于是，翻开当年的《北京大学日刊》，想从历史的回顾中，寻一点作庆典文章的材料。不料这一翻，就将那点凑趣的雅兴给打掉了，倒显出有几分尴尬。

这是刊载在1922年11月23日《北京大学日刊》一〇一一五号上的一则启事：“同学们！诸君对于北大的‘现状’不满意的地方有吗？对于北大的‘未来’有什么建设的计划吗？本社决定于本校二十五年纪念日发行出版物数种，其中一种专载同学们对于学校方面改革的主张，和一切的批判，以供学校当局和同学的采纳及反省。这也是吾们狂热地庆祝这重大的典礼中间所应该注意到的地方！”署名是“北大生活社编辑部”。这启事是能够代表当时北大师生（以至校方）的态度的。证据是12月17日出版的《北京大学日刊》“本校二十五周年之成立纪念号”所载“纪念词”，第一篇总务长蒋梦麟的文章即宣布：“今日是本校二十五年的生日，是我们全体师生反省的日子。”第二篇教务长胡适的文章题目就叫“回顾与反省”，说得更加直截了当：“我们纵观今天展览的‘出版品’，我们不能不挥一把愧汗，这几百种出版品中，有多少部分可以算是学术上的贡献？近人说，‘但开风气不为师’（龚定庵语），此话可为个人说，而不可为一个国立的大学说。然而我们北大这几年的成绩只当得这几个字：开风气则有余，创造学术则不足。这不能不归咎于学校的科目了。我们有了二十四个足年的存在，而至今还不曾脱离‘裨贩’的阶段！自然科学方面姑且不论，甚至于社会科学方面也还在裨贩的时期。三千年的思想，宗教，政治，法制，经济，生活，美术……的无尽资料，还不曾引起我们同人的兴趣与努力！这不是我们的大耻辱吗？”胡适最后提出了这样的“祝词”：“祝北大早早脱离裨贩学术的时代，而早早进入创造学术的时代。祝北大的自由空气与自治能力携手同程并进。”第三篇是李大钊教授的“感言”：“我们自问值得作一个大学第二十五年纪念的学术上的贡献实在太贫乏了”，他语重心长地指出："只有学术上的发展值得作大学的纪念。只有学术上的建树值得'北京大学万万岁'的欢呼。"

念念不忘"北京大学的辉煌"的北大人（这自然也包括我自己）听见了吗？我们的前辈在面临"校庆"，面对所展示的成绩时，不是忙于欢呼，忙于评功摆好，更毋论自我吹嘘，而是"反省""批判""挥一把愧汗"，以至感到"大耻辱"！彼此的境界是怎样的不同啊！究竟哪一种代表了"真北大"的境界、声音，"真北大"的传统呢？鲁迅在为北大二十七周年纪念所写的文章里，曾讨论过北大的"校格"。他认为北大的可贵与力量就在于"常与黑暗势力抗战"，这当然首先指的是敢于与社会上的黑暗势力抗争，但同时也包含敢于正视与无情地揭露自身的"黑暗"，作大无畏的自我批判。在某种意义上，后者正是前者的前提。正如鲁迅在五四新文化运动中所说："不满是向上的车轮，能够载着不自满的人类，向人道前进。多有不自满的人的种类，永远有希望。多有不知责人不知反省的人的种族，祸哉祸哉。"在北大百周年校庆之际，不仅是在校与离校的北大人，所有关心中国的教育与国家前途的人，都希望北大能"再显辉煌"；但历史与现实的事实却昭示我们：这里有"真、假"之分——如果真的爱北大，希望北大在实现中国的教育与社会现代化的历程中继续发扬光荣传统，就应该（也必然）像前辈那样，敢于"反省""批判"北大的种种"黑暗"（不足、失误），知羞、知愧，以至知耻，并敢于公之于众（可以想见，胡适当年以教务长的身份，公开承认北大“学术上很少成绩”，这需要多大的勇气与自信力！）如果不是这样，“不知反省”，不以不足、失误为羞耻，反过来掩盖确实存在的严重问题，以至危机，甚至以“否定成绩，破坏安定团结”等等借口，来压制对北大的任何反省，那么，无论怎样信誓旦旦，都不是真的爱北大，至多不过是自欺欺人的表演而已。

因此，对北大的百周年，也可以有不同纪念方式。我并不反对必要的庆祝活动——《北京大学日刊》也报道了二十五周年纪念的各种活动，例如“历史部”“出版品部”“美术作品部”的展览（其中出版品部就展出在校师生出版的一百六十三种学术著作、一百零八种讲义、十九种杂志、二十种报纸，要是放在今天是一定要说“成绩很大很大”的），学术讲演，中文、法文、俄文的戏剧演出，中、西乐演奏，技击表演，体育比赛，以及放烟火等。但如果仅止于此，那就不过是热闹一场，时过境迁，在北大人心中（甚至北大历史上）不会留下什么印记，甚至会有“粉饰太平”之嫌。真正铭刻在心的纪念，应是二十五周年那样的全校性的（从校方，到教授、学生、职工）的“反省”：可以是集体性的，对学校、系科教学的检讨，也可以是个人性的，对身为北大人的自我内心的审视。写到这里，忽然想起远方的朋友刚给我寄来的，载在今年《随笔》第一期的《校格》一文，作者是1947年入北大的老校友。文章介绍了一位作家的“奇特见解”：“如果非要把生日看作一个节日，它首先应该是‘忏悔节’，忏悔自己前一段生命历程中的失误和不足，让灵魂受一次洗礼”；老学长因此建议每一个“藏北大于心的北大人”“葆有探索精神的北大人”，都“不妨一试”。——可见这也是人同此心。

但如何反省，反省什么，却是因人而异的。而且目前北大的问题（进而整个中国教育的问题）也实在太多。比如很多人都谈到，教育经费的不足，教职员工收入水平的低下，学生负担的加重，教学设备的陈旧，等等问题。——或许不是偶然的巧合，七十六年前的北大也遇到类似的难题，以至蔡元培校长在纪念会演说中，不得不提出这样的“希望”：“明年今日，无论如何困苦经营，必定要造成一个大会场，不要再像今天这样在席棚里边开会，还要造一所好的图书馆，能容多数人在里边看书”（见《北京大学日刊》一一三八号）。看来今天办学的物质条件比之当年，是好得多了；尽管如此，我们对学校各级领导为改善教学条件与师生生活，而不得不以很大精力去多方筹款的辛苦与辛酸，仍要给予充分的理解，物质的“硬件”毕竟是办学的先决条件。但当年经济那样困难，尚且能坚持那样高的精神要求与境界；那么，我们今天在好得多的物质条件下，就没有任何理由，为对精神要求与境界的降低而辩解。在我看来，对教育的精神“软件”的忽略——办学的人均忙于创收（以及相应的外事、内事活动、应酬），无力（精力与心力）真正关注教学与科研，更不用说教育思想的更新，教学内容、方法的改革，有时也抓，但多限于形式少有实效，经营之道取代办学之道的结果，是教学质量与科研水平大幅度滑坡，导致教育精神价值失落，这正是当前北大（或许也是中国教育）存在的突出问题，而且随着教学物质条件逐渐改善（当然，这方面的努力是时刻不能放松的），这个问题将会愈加突出。而在精神“软件”的诸问题中，教育思想、观念的问题又是主要的。这些年，在教育进入市场以后，固然为教育的发展提供了新的契机，也在教育思想、观念上出现了许多混乱，“为市场服务，培养市场所需要的人才”，几乎成了许多人办学的唯一目的与基本方针。这样，我们对教育的反省，包括对北大教育的反省，就不能不回到起点、原点上，即对教育本质的追问：“什么是教育？什么是大学？大学教育的目的是什么？”“我们要把北大办成一所什么样的大学？”——前者是整个中国教育的共性，后者则涉及北大的个性与特点。

我们这样强调对“教育思想、观念的反省”，也是从北大自身的经验、传统的总结中提出的。1916年12月26日大总统黎元洪一纸命令：“任命蔡元培为北京大学校长”，从而根本改变了北大的面貌与命运：这段历史正是每逢校庆人们最喜欢回忆的；但人们却往往忽略了这新的历史的起点（也即蔡元培对旧北大的改造），正是从教育思想、观念的根本变革开始的。因此，蔡元培就任校长，第一次与北大师生见面，即以“三事”相告，第一事就是要“抱定宗旨”“先知大学之性质”。这是一个破旧立新的过程。蔡元培曾明确地提出要破除中外教育（教育思想）中的“二弊”：“一曰极端之国民教育”“二曰极端之实利主义”。前者既是中国封建传统的，又是“近世（西方）帝国主义”的教育，其特点是：“政治家翘国家以为至尊无上之群制，以国外之世界为其战场，而以国内之人民为其器械，而且恃政府之强权，强以此等主义行于小学教育之中，养成其尊慢己国、蔑视他族、蹂躏人道、增进兽性之习惯”，这实际上是将教育与受教育者都依附于政治与国家的“强权”意志，是反科学、反民主、反自由、反人道的强权教育。而后者，按蔡元培的分析，则是“当今物质文明之当王，拜金主义之盛行”的产物，其特点是“以致用之科为足尽教育之能事，而屏斥修养心性之功者”，是集中体现了西方工业文明的弊端，使教育与受教育者依附于市场的实用主义的商业化教育。这两者貌似两个极端，有着不同的社会背景，但在“人（受教育者）的奴化”的内在本质上，却有着根本的一致。蔡元培对北大（与中国教育）的改造与更新，正是使教育与受教育者“走出奴化状态”的一次悲壮的努力。他由此提出了自己的新的教育观、大学观：“教育者，养成人格之事业也。使仅仅灌注知识、练习技能之作用，而不贯之以理想，则是机械之教育，非所以施于人类也”。他因此而重视对受教育者“服从真理”“独立不拘之精神”的培养，主张发展个性，崇尚自然，尤其强调重建终极价值体系的“世界观教育”，以此为教育之终极目标，进而提倡“以美育代宗教”。

在蔡元培的教育思想体系里，是把“人（受教育者）”置于中心位置，教育的目的、出发点与归宿，全在于培养受教育者作为“人”的独立人格、自由意志，开发其自身潜在的创造能力，达到人性在德、智、体、美诸方面的全面、健康的发展。他在北大1918年开学式演说词中，强调“大学为纯粹研究学问之机关，不可视为养成资格之所，亦不可视为贩卖知识之所，学者当有研究学问之兴趣，尤当养成学问家之人格”，同样是将人的纯粹精神活动（研究学问）与人格置于大学教育的中心。而他的著名的定义：“大学者，‘囊括大典，网罗众家’之学府也”，以及他的“思想自由，兼容并包”的办学方针，更是着眼于给大学师生思想、学术的发展，人的培养，提供广阔、多元的精神资源与自由、宽松、宽容的人文环境。他对北大的改造，说到底，就是要为中国的知识分子开拓一方自由的精神空间，摆脱思想禁锢、精神受压抑的状态。蔡元培大学教育思想的另一个重要方面是强调“教育指导社会，而非随逐社会者也”。在他看来，“所谓大学者”，实为“共同研究学术之机关”，作为思想者的联合的群体，应该为社会提供前驱性，因而具有引导力的精神资源与力量——新的理想与信念，新的道德范式，新的思维，新的想象力与创造力。这大概也是他改造北大的动因与目标之一吧。

今天不难看出，蔡元培的教育思想是具有强烈的理想主义色彩的。他的理想曾一度在北大得到光辉的实现，其影响所及，至今北大在国人心目中，仍是一方“精神的圣地”。但我们也必须面对这样的事实：这光明的一瞬只是三五年的时间。在年复一年的回忆的加添中，每个北大人心中的北大，已经成为某种心向往之的精神的象征。不仅蔡元培时期的北大所保有的教育、学术的相对独立，是北洋军阀政府统治相对软弱的特定历史条件所造成的，以后就再难有这样的独立性；而且现代大学教育本身确又存在着内在的矛盾，决定了大学教育只能在两种（多种）力量、趋向的相互对立、制约、补充与影响中求得发展。例如，按蔡元培的理想，在大学里主要应培养独立于国家体制之外（或始终处于边缘位置）的，具有永远的批判意识，并且不计利害与后果的独立知识分子，如鲁迅所说，他们是“真的知识阶级”，是属于“思想家”型的，真正继承与发扬了北大永远是“新的改造运动的先锋”的传统的。但另一方面，不断向国家权力机构输送“实践家”型的人才，这也是现代国家体制改造与更新的必要条件，事实上也是现代大学教育的功能之一。应该承认，这两类人才的思维方式、行为方式，以及心理素质都是大不相同的，自然在培养上会产生互相矛盾的要求。而大学教育本身也存在着“反既成文化（学术）体制”与“建立、维护文化（学术）体制”的矛盾：要为社会变革提供新的精神资源，就必须具有对既成思想文化的批判与新的思想文化的创造的双重功能；而要完成思想文化的积淀与传承，又必须将思想文化转化为知识，并将其规范化与体制化。而规范化与体制化的知识生产和科层化的组织和管理本身，就有可能产生新的不平等的支配（以至奴役）关系，这又是与“反（任何形态的）奴役”的自由教育思想相矛盾的。蔡元培自己尽管对“极端之实利主义”的教育持严厉的批评态度，另一方面，他又不能不面对这样的现实：“我国地宝不发，实业界之组织尚幼稚，人民失业者至多，而国甚贫。实利主义之教育，固亦当务之急者也”。既要适应市场经济发展的需要，培养应用型、技术型人才，又不能趋于极端，忽略精神的超越与超越型、综合型人才的培育，这里也存在着矛盾。而现代化生产发展的不同阶段又同时提出了专业化与通用化的相互矛盾的双重要求。面对以上现代教育（包括大学教育）的矛盾，我们在坚持统一的基本要求的同时，还应因侧重于不同方面而采取多样的教育模式，不可“一刀切”。不同类型、风格的学校应有自己的侧重与特色。这就涉及本文一开始就提出的“北京大学应办成什么样的学校”的问题。在我看来，蔡元培开创的北大传统，决定了北大应以培养具有独立批判意识的思想家型的人才为主，它应着眼于民族的、人类的长远利益，培养为未来国家、人类的发展提供新理想、新思维的思想家、人文学者，它所培养的各类专家，也不是操作型、技术型，而应该是思想者，是本专业新的学术思想，新的研究领域、方向，新的技术、方法的开拓者。北大的教学与学术研究应更注重于基本的学理，基础的理论，应更具有原创性，开拓性与超前性，更注重自然学科、社会学科与人文学科的相互吸取与综合。为此，应该特别呼唤思想的自由，呼唤作为北大传统的兼收并蓄、容纳多元思想文化的宽容精神，呼唤“拿来人类文化宝库中的一切”的宽阔胸怀，为更大胆的，更解放的，更富有创造性的思想学术开辟道路。

这是一个理想的“梦”。面对现实，它更是显得不合时宜。当年毛泽东曾尖锐地批评某些教育者把自己的教育对象视为“敌人”，而今天有些教育者则把教育对象，特别是喜欢独立思考的青年学生，视为“不安定因素”，严加防范，千方百计将其强迫纳入既定的秩序，“思想者”竟成了“有问题者”，岂非咄咄怪事？大学真的成了“养成资格之所”，教育者与受教育者同为“资格”（职称与学位）奔忙，自由主动、创造性的教育受到威胁，如北大学生自己所描述的：“‘三点一线’的单调生活，使学习成了机械训练和应付考试的枯燥过程，生活成为注重实用，只对专业技能感兴趣的单维化生活。在工艺层面的操作与忙乱中，个性与创造逐渐消隐……”——在北大百周年校庆时，读到这样的文字，心里实在不好受：“个性与创造逐渐消隐”，这对北大究竟意味着什么，难道不应引起深思么？

1998年3月3日写毕于燕北园

（原载1998年第5期《读书》）

即将消逝的风景

陈平原

寓居燕园十五载，对我来说，最值得怀念的，莫过于曾有幸“从夫子游”。

说“从游”，而不说“就读”，就因前者兼及“古典”与“今事”，意味深长，值得仔细品鉴。

所谓“古典”，最容易令人联想起的，自是孔夫子的开创私门讲学。《史记·仲尼弟子列传》有这么一句：“子路喜从游”。读过《论语》的，很少不向往那时候的师徒关系。私心以为，“读书”不如“受业”，“受业”不如“从游”。后者讲求耳濡目染，且以修养而不是学识为中心，用后世教育史家的说法，叫“完全人格教育”。两汉以降，名师大儒开堂讲学，总有万千“喜从游”的“子路”们左右追随，只是不若孔夫子周游列国之恓恓惶惶。

至于“今事”，指的是晚清以降学制改革，“上法三代”难以落实，“旁采泰西”成了时代主潮。以课堂讲授为中心的新教育，其主要目的是传播知识，而不是养成人格，“从夫子游”因而一改而为“转益多师”。也有不以为然的，比如，章太炎便一再呼吁“救学弊”。可此等微弱的声音，对于现代中国的教育大业，基本上无济于事。四十年代初，连最为西化的清华大学的校长梅贻琦，也对此深表忧虑：“今日师生之关系，直一奏技者与看客之关系耳。”那么，什么是理想的大学教育？梅氏在《大学一解》里所表达的理念，其实古已有之：

> 学校犹水也，师生犹鱼也，其行动犹游泳也。大鱼前导，小鱼尾随，是从游也。从游既久，其濡染观摩之效，自不求而至，不为而成。

这就难怪当初胡适为清华学校设计研究院课程及宗旨时，强调兼及中国古代书院与英国大学制度。

传统中国教育希望养成人格，故特别看重“从夫子游”。始终自立门户，拒绝进入现代大学体制的章太炎，自称“余讲学以来几四十年”（《太炎通告及门弟子》），“前此从吾游者”（《致潘承弼书》），多学有所成。章氏之日本讲学，更像古代大师之收徒，后来的创办苏州国学讲习会，则带有公开演讲的意味。当年在东京“从章太炎游”者，包括黄侃、钱玄同、朱希祖、许寿裳、周氏兄弟等，均一时俊彦。鲁迅后来回忆说：

> 直到现在，先生的音容笑貌，还在目前，而所讲的《说文解字》，却一句也不记得了。

《关于太炎先生二三事》中的这段话，常被理解为语含讽刺。其实，这正是大师讲学之不同于学校教育处——不以传授具体知识为主要目的。

“从夫子游”的独特魅力，主要在于精神熏陶，而不是知识传授。可这有个前提，“前导”的“大鱼”，不只能够提供实验经费和科研题目、学识及才华外，还必须兼有人格魅力，这样，方才值得“小鱼尾随”。若黄侃之名士风流，春花秋月，携弟子寻访名胜，饮酒吟诗（参见《量守庐学记》中刘赜、杨伯峻、程千帆等文），毕竟是异数。现代大学中，较多地借鉴书院讲学经验，确保师生之间学识、精神以及情感的正常交流，改变课堂教学冷冰冰面孔的，当推研究生制度的建立。

我也是在进入研究生课程后，方才与导师有较多的接触，理解古人所说的“从游”之乐。十五年前，我终于如愿以偿地走进了燕园，追随王瑶先生攻读博士学位。那年，先生刚好年届古稀，照现在的规定，早应该“赋闲”了。好在那时当局希望老专家发挥余热，我们因而有幸赶上“最后一班地铁”。在《为人但有真性情》一文中，我曾这样描述先生的“传道授业解惑”：

> 先生习惯于夜里工作，我一般是下午三四点钟前往请教。很少预先规定题目，先生随手抓过一个话题，就能海阔天空侃侃而谈，得意处自己也哈哈大笑起来。像放风筝一样，话题漫天游荡，可线始终掌握在手中，随时可以收回来。似乎是离题万里的闲话，可谈锋一转又成了题中应有之义。听先生聊天无所谓学问非学问的区别，有心人随时随地皆是学问，又何必板起面孔正襟危坐？暮色苍茫中，庭院里静悄悄的，先生讲讲停停，烟斗上的红光一闪一闪，升腾的烟雾越来越浓——几年过去了，我也就算被“熏陶”出来了。

这段话常被论者引述，以为颇具“雅趣”。也有读者表示怀疑，以为是我“妙笔生花”。其实，此乃“写生”，不曾着意渲染，今人之所以感觉“陌生”，就因为研究生教学制度化以后，同样可能窒息活生生的师生交谈。我入学的时候，中国的博士制度刚刚建立，没有统一的课程或学分规定，导师于是以“闲谈”代替“授课”。当初因缺乏经验而不曾“正襟危坐”，倒是与古人“从游”之义相吻合。

“从夫子游”还有另一层意义，即：没有入学考试，也不曾举行毕业典礼。倘若值得师从，不必过分讲究名分，前往请教就是了。我进北大时，中文系有四位老先生，均学识渊博，且德高望重。除了正式“拜师”的王瑶先生，吴组缃、季镇淮、林庚三位，我也常前往请教。四老各有专长，且性格十分鲜明，王之睿智、吴之豁达、季之忠厚、林之儒雅，均无法追摹。

既是小说名家、也以治中国小说史见长的吴组缃先生，与我的研究兴趣接近，且参加过我的博士论文答辩，平日里交往较多。上吴先生家，不必做任何准备，只需挑起话题，而后便顺其自然，当个好听众就是了。或针砭时弊，或追忆师友，或纵论古今，吴先生总有说不完的逸事与妙喻。谈兴浓时，甚至不准访客早归；倘若没有勇气大声辞别，那就只好等待先生兴尽了。“天宝遗事”固然有趣，更令人叹为观止的，还是先生对历代小说的精彩分析。先生对其主持的国家重点科研项目“中国古代小说史”十分用心，可在我看来，那是永远也无法完成的。单是“导言”部分，不知听先生讲了多少遍，觉得思路挺完整，可屡次让课题组成员协助整理成文后，又全都废弃不用。理由是“文字不好，没有光彩”。大概看我“随声附和”的能力尚可，先生几次邀我加盟，均被我以“另有任务”辞谢。之所以如此“怯阵”，乃是深知即便我使出浑身招数，也写不出令先生满意的“有光彩”的学术论文。

与吴先生的健谈截然相反，季镇淮先生显得有点木讷。如果没有准备，我可不敢造次拜访。几句家常话及问候语过后，便需进入正题。季先生不喜欢也不擅长漫无边际的聊天。如果访客无话，且长屁股，温厚的季先生便接连不断地劝你喝茶、吃糖。我的妻子曾追随季先生攻读硕士学位，留校任教后又经常走动，按理说不该客套。可先生依然彬彬有礼。偶尔代查资料，必招来先生的连声道谢。先生每次出版新著，明知我们夫妇关系不错，没有离婚的打算，也非得签名各送我和妻子一册不可。如此认真执着的老人，偶尔也想调节气氛，说些轻松点的话题，可照样有板有眼。拜访季先生的最佳方案，便是尽早进入具体问题的探讨。那样，先生会两眼放光，忘记自己的病情，不时矫健地站起坐下，到书架上取下一册册书，翻给你看。先生做人做文，均一丝不苟，实在令人钦佩。可也由此带来不小的烦恼。季先生晚年视力极差，还要寻找有关资料，以便撰写新著。几次劝先生收缩战线，先把手头已有的书稿改定，先生总说“不忙不忙”。去世前两年，先生忽然说，教了一辈子文学史，还没写过关于小说方面的论文，应该补一补。于是，让我们代买大字本《西游记》，然后戴上眼镜，配着放大镜，开始重新研读——那年，先生八十有二。

王瑶先生居住的镜春园，与吴、季二师所在的朗润园近在咫尺。每回新年，总是顺道拜候，一路走去，十分惬意。如今三老均已仙逝，在我眼中，未名湖周围风景，顿时显得冷清多了。春节将近，中文系唯一需要拜访的老先生，只剩下居住在燕南园的儒雅淡泊的林庚先生了。

林先生乃现代文学史上有数的重要诗人，后又是唐诗及《楚辞》的研究名家。平日里很少听他谈起小说，直到《西游记漫话》一书出版，方才让我大吃一惊：诗人对小说竟有如此的洞察力。据先生称，历来对童话情有独钟，十年浩劫中更是以夜读《西游》为“精神上难得的愉快与消遣”。以“童话性”解读《西游记》，前人不是没有谈论过，只是大多浅尝辄止，不若先生全身心地投入，且将其作为《西游记》的根本特征来论述。童心与诗心，本就有相通之处，更何况此乃先生之“曲终奏雅”（日后先生还出版了《中国文学简史》，可那是旧作翻新，不如此书之具有原创性）。这部不到十万字的小书，对此后研究《西游记》的学者来说，是个不小的挑战。

记得刚入学时，林先生举行告别讲座，那天我刚好有事外出，事后追悔莫及。据说，林先生擅长营造氛围，课堂犹如舞台，一招一式，均令人回味无穷。有学生点评曰：林先生诗写得好，讲得也好，因他的生活本身便是一首诗。当我复述这段话时，先生笑着说：那学生准是将我作为写诗的素材了。

将一生作为一首诗来苦心经营，希望经得起时人及后人的再三品读，这其实很不容易。这话可以反过来说，凡是经得起再三品读的人生，都是一首成功的诗作。外系的老教授，或只是在某一特殊时刻接触（如哲学系的冯友兰、洪谦），或所了解的并非其专业成就（如东语系的季羡林、金克木），即便倾心于其人其文，未得真传，不好妄称弟子。不过，即便见闻有限，每次造访，均有“如坐春风”的感觉。而这种感觉，似乎只存在于“七老八十”的老教授身上。年轻一辈的学者，也有在专业领域里卓有成就的，可就是不如老先生“味道醇厚”。

或许，人文学者的修养，本就需要岁月襄助，速成不得。若此说成立，则如今实行的博士生导师六十三岁退休的制度，将使以后的莘莘学子，再也无法领略处于最佳状态的“导师”的风采了。

记得有一年中秋，众弟子在王瑶先生家聚会，先生一时兴起，提议夜游未名湖。月光如水，幽静的湖面，不时传来年轻人的朗朗笑声。不知是哪位师兄，念起了卞之琳的《断章》：

你站在桥上看风景，
看风景人在楼上看你。

明月装饰了你的窗子，
你装饰了别人的梦。

其实，此诗的意境，部分脱胎于明末张岱的《西湖七月半》。“西湖七月半，一无可看，止可看看七月半之人。”“身在月下而实不看月者”固然可看，“亦在月下，亦看月，而欲人看其看月者”同样值得观赏，至于“看月而人不见其看月之态，亦不作意看月者”，不也照样是西湖边的一道风景？

那夜情景，如在眼前，只是王、吴、季等诸先生均已凋谢。记得刚进北大时，在未名湖边流连，学长指着日后逐渐熟悉的老教授的身影告知，此乃燕园里最为“亮丽”的风景。如今，秋风凋碧树，风景日渐暗淡。常听人感叹“江山依旧，物是人非”；其实，既然哲人已逝，“江山”就不可能真的“依旧”。

还会有博学之士入主燕园，但不见得“有韵”且“有味”。作为“阅读对象”的学人，知识渊博固然重要，更值得欣赏的，却是其个性、气质与才情。慨叹老一辈学人多逸事，后来者因长期压抑，有趣的人不太多。当然，还有一些制度性的因素，使得北大校园里这道特殊的风景，有可能永远消逝：一刀切的退休制度，使得以后的学子，再也没有六十三岁以上的老教授可以“从游”；校园里人满为患，新人早已撤到燕北园、西三旗去了，若干年后，未名湖边，再也见不到悠哉游哉的老教授。

没有长须飘拂的冯友兰，没有美学散步的宗白华，没有妙语连珠的吴组缃，没有口衔烟斗旁若无人的王瑶，未名湖肯定会显得寂寞多了。

江山代有才人出，单就“授业”而言，所谓“青黄不接”，大概属于危言耸听。不过，学生阅读的不只是“书本”，更包括“导师”。而我们这一代教授，是否经得住学生们挑剔的目光，是否还能为学生提供精神的乃至审美的享受，实在没有把握。

既然互联网解决不了“从游”，个性化的魅力也无法复制，新一代的北大人，必须另外构建其值得再三品味的新的“风景线”。

1998年1月22日

（原载1998年5期《中华散文》）

广陵散

高尔泰

宁沪线上位于镇江和无锡之间的丹阳市，是一座毫无特色的小城。正则艺专所在的白云街，是一条毫无特色的小街。战后才从重庆迁回原址的私立正则艺专，是几栋灰色的二层楼房，也毫无特色。但它拥有几位赫赫有名的教授，特别是吕凤子先生和杨守玉先生，吸引了许多来自全国各地的学生。

吕凤子是学者型画家，精通理论，以画罗汉和菩萨著称，诗、书、印并重，是当时画坛的重镇。他所创办的正则艺专，论画极重意境，崇尚“文人画”传统的功力和品味。成为名校，不是偶然的。我去时，他已很老，不再亲自上课，只当名义上的校长。穿着老式长衫，有时到画室里转转，有时拄着拐杖，在荒凉的校园里散步。矮小，瘦削，微微有点佝偻。眼镜的黑色边框很粗，就像是粗墨线画的。

杨守玉是个很老的老太婆，终生未婚，索居独处。她所创造的画种“乱针绣”，是用针线代替画笔和色彩，在布上作画。无数不同色彩不同长短的丝线，不规则地相互横斜交叉错综重叠，近看一片混沌无序，远看人物风景生气洋溢光影迷离。画法有点像印象派的点彩，但要用点彩法临摹它根本不行。它的每一幅都是独特和不可重复的。无论是深巷里墙头落日的余晖、灯影暗处的裸女、雨中的树或者阳光下灼灼生辉的一团黄花，都像是不久就会消逝的东西。猛一看，你感觉到的不是肌肤，而是肌肤的温暖与弹性，不是雨水，而是雨水的清冷和馨香，不是花团，而是花团的快乐和喧嚷。再细看，又都没了。这很难。杨氏门生虽多，仍难免感到寂寞，有句云，“急管繁弦听无声”。

她唯一的传人吕去疾先生，是凤先生的长子，五十多岁，笔名大吕。也确实是黄钟大吕，不但乱针绣青出于蓝，油画、雕塑、大泼墨无不绝倒。据说艺事尚专，博则难精，我想那是才小者言。才大者若韩愈、稼轩、达·芬奇、杜尚辈，都能兴寄无端，忽豆人寸马，忽千丈松，何羁于专？先生教画，很少讲具体技法。看某生画，他会说色彩能发出声音，阴沉有阴沉的响亮，那些用灰不溜秋的哑巴颜色来处理蓝调子的人，成不了大画家。看某生画，他会说画画是一种快乐，过程就是目的，要能随时停下都是好画。那种画时没有快乐，直要到画完了才算苦尽甘来的画家，是平庸的画家。看某生画，他会说，小青年怎么就结壳了？艺术的生命是变化，结了壳就完蛋了。我听之悚然，刻骨铭心。

其他老师，也都各有千秋。程虚白先生讲构图学，爱用书法做比喻，要我们从字形结构的变化吸取灵感；黄涵秋先生教书法，讲的却是音乐，一三五和弦和二四六和弦，还有武术的招式和舞蹈的动作，说书法就是纸上舞蹈和无声的音乐；张祖源先生讲美术史，说史家们忽略了源远流长的指头画，说着当场就展纸磨墨，画给我们看。那指甲画出的细线轻悠而富于弹性，手掌摸出的墨痕波诡云谲，确有笔不能到之处……这种不拘一格挥洒自如的学风，我在别处再没见过。

正则学制，分二年、三年、五年三种。我在五年制，叫作“绘绣科”，到四年级可选学油画、国画、雕刻，也可选学乱针绣。乱针绣是正则的王牌，绘绣科就是为它设立的，别的院校没有。但它太难，只有几个人选学，练就一套从画布正反两面同时反向穿刺的技巧，速度之快，就像两只手都在高频率颤抖。但是绣出来的作品，吕去疾先生说，只能算是工艺品。他们到头来，还是选学了别的，否则不得毕业。但我们班上的同学，都想走这畏途，想成为这门绝技的第三代传人，很用功。每个人画好的画，都要钉在墙上，互相观摩品评。画家墙上一排排新作，呈现出一股子欣荣进取的气氛。画室日夜不关，晚上十点以前，总有人在灯下作画。我那时十五岁，是全校年龄最小的一个，画名挺好，颇受注意，所以也不再撒野，变成了规矩学生。

每天晚上，我都在画室里看书。正则的图书馆里，有很多我爱看的书。管图书的是两个老太婆，一矮胖一瘦高，都终身未婚。她们介绍我看了不少世界文学名著，看了还要问感想如何。有一次我去还《大卫·科波菲尔》，她们问怎么样，我说很美很生动，但不深刻。她们说怎么啦，我说比方说，最后米考伯先生当了澳大利亚的治安法官，好人有好报皆大欢喜。但是英国人有没有权利统治澳大利亚这样的问题，就没有一个人想到。如果是俄国作家，是一定会弄个人出来问一下的。她们嚷嚷起来，一个说我不会看书；另一个说文学要的是美不是深刻；一个说深刻是思想的事，思想是哲学的事，同文学没有关系；另一个说怎么没有关系，你说尼采是诗人还是哲学家？于是她们两个人对嚷起来，眼睛瞪得大大的，花白头发一竖一竖的。一会儿又和好了，借给我一本尼采的《查拉斯图拉如是说》和四本罗曼·罗兰的《约翰·克利斯朵夫》。

读书画画很快乐，生活却十分艰苦。学校提供宿舍、伙房和餐厅，但伙食自理。没有自来水，打开水到老虎灶，洗衣服到井边。有一个由高年级同学组成的学生会，管伙食，贪污是公开的秘密。每月二十元伙食费交出去，顿顿一菜一汤不见荤腥，大家毫无办法。有钱的外出下馆子找补，我呢，一闻到老师家里炒菜飘过来的油气肉味就很馋，就想家。衣服脏，被褥腻，都在其次，主要是经常地都有点儿饿。这个感觉，不是很好。

那些高年级同学，十分积极活跃，下了课总把我们叫去，唱革命歌、跳集体舞；听戴大红花参加军事干校的同学演讲；

给抗美援朝志愿军写慰问信；到大街上举行露天的主题漫画展览……丰富多彩的活动搞得热火朝天。有一次，他们把我带到丹阳纱厂，让在工厂俱乐部墙上，画几幅大宣传画，每幅有十几平方。说帮我请了假了，画完再回学校，然后就走了，我连他们的名字都不知道。反正我爱画大画，工人食堂又吃得好，大鱼大肉，我就画。画完回到学校，他们买了一包花生米给我吃。我拿到画室，和大家同吃。大家问，给你钱了吗？我说什么钱？他们说丹阳纱厂请人画画，给的报酬很高。我说哦。这个感觉，也不是很好。

1952年，我上到二年级下学期了，国家整顿教育系统，调整院系，改造私立学校。关于正则艺专，或说要被撤销，或说要并入苏州美专，或说要改为南京大学艺术系，或说要和东吴大学、江南大学、文教学院四校合并，成立江苏师范学院。一时间人心惶惶，教师无心教，学生无心学，画室里经常空无一人。吕去疾先生代理校长，叫大家安心学习，别理会小道消息，谁还听得进去。

后来四校合并的消息得到证实，吕去疾先生拒绝接受，要求保留正则艺专，事情拖了很久。那些高年级同学发动罢课，在校园里游行，要求“把学校还给人民”；组团到东吴、江南等校参观，回来后连续召开全体同学大会，介绍那边的好处。说四校合并以后，师资有多么雄厚，图书有多么多，校舍是东吴的有多么好，改为师院以后公费培养，不交学费不交伙食费肉吃不完，等等，都是事实。同学们很起劲儿。我觉得不很有趣，后来就不参加了，天天一个人到二楼画室看看，也没人管。空无一人的画室里，到处是灰尘。墙上的画有的掉在地上有的歪斜了，几扇开着的窗在风里摇摆，时或咿呀一声，像人说话。外面人声杂沓，我往画架后一躲，打开书，就什么都听不见了……

风先生不再出门，校园里已看不到他的踪影。有时可以看到吕去疾先生，一副忧思重重的样子。一天，他上楼来关窗子，翻了翻我堆在窗台上的书，说，我家里也有一些书，你可以来翻翻。从他家我借到不少好书，《贝多芬传》《米开朗基罗》之类，还有许多印刷精美的画册。有一本美国小说《石榴树》，单纯、质朴、开朗幽默，我很喜欢。他叫我别还了，说译者吕叔湘是他堂叔，这书他有好几本。他的家狭小简陋，塞满了书籍画框和木雕。许多乱针绣作品，就这么连框子码在墙角，也没个防尘防潮的处置。我不明白，他干吗不弄得好点儿。

一年后，正则艺专已不复存在。我和班上的几个同学一起到了苏州，成了四校合并以后、在原东吴大学校址新成立的江苏师范学院的学生。风先生也来了，成了江苏师院的教授，并住进了校园。仍然不上课，仍然穿着老式长衫，戴着黑边眼镜，时或在校园里曳杖独行。吕去疾先生留在了丹阳，被任命为公立学校江苏丹阳艺术师范的校长。艺师在正则的基础上兴建，国家拨款，资金雄厚，住房和生活条件都有了巨大的改善。但任务是普及而不是提高，方向和性质完全变了。

二十七年以后，1980年，我在北京中国社会科学院哲学所，收到年逾八十的吕去疾先生的一封信，邀我到丹阳去参加一个前正则的校友会，商量重建正则的事。烈士暮年，壮心不已，使我感动莫名。那时我正在密云水库，搞一个所谓的“项目”，没有可能前去，只好写了个信，伏维恩师鉴谅。后来听说，那事没有办成，先生也去世了。

从此乱针绝技，终于广陵散绝。

（原载2003年第4期《读书》）

浙大那壶湄江茶

张　劲

那是一片依偎着苦涩的芳醇，缠绵在历史的舌尖，再也不会抹去。

我说的是茶。是浙江大学1940年初至1946年秋，因抗战烽火，西迁遵义、湄潭办学，师生们茹苦含辛，煎日熬月，留在湄水之滨的一壶“求是”佳茗。

我慕名来饮，已是六十年后的清明时节。茶乡果然盛情，湄江水浮碧流翠，笼雾含烟，两岸不仅到处密布着茶园，且把参观者与这个鲜嫩的节气也煮在了一起，烹于一瓯，令我们的每个毛孔都散发着绿思绿想，茶韵茶香。

茶浪三千，我只能取一盏饮。踏进当年的文庙——后来浙大湄潭分部——如今的“浙大西迁历史陈列馆”内，有众多的历史照片、资料文物叩击着我的心扉。我无法想象，那由上千师生员工、两千多箱图书仪器、若干教学与生活用品组成的流亡之师，是克服了怎样的艰难险阻，辗转南方六省，才分期分批地来到这黔北山区。我能够想象的是，这一支被后人称为的“西征的文军”，其开拔处是东部的著名茶城杭州，驻足处是西部的著名茶乡湄潭。前者是“人间天堂”的三吴都会，后者是有“小江南”之称的黔北县城。正是一个元气淋漓的“茶”字相邀，才汗湿了五千里路云月，润泽了七个难忘的湄城春秋。原在唐人陆羽《茶经》中分别注册登记的两处产茶盛地，跨过宋元明清，就在这样一个特殊年代，被一个特殊群体以一种特殊方式联结了起来。是浙大有缘，还是湄潭有幸？

浙江大学源自“求是书院”发展而来。竺可桢博士任浙大校长后，更是高张“求是”旗帜，广纳名师俊彦，掀起了一股严谨务实、敬业修德、追求真理而不计利害得失、研讨学术而胜于物质享受的猎猎校风。校长求贤若渴，师生求知若渴，全校“求是”若渴。唯茶乡中泡大之浙大学人，最能饮出茶的本质与精神。

茶为解渴之饮，疗疾之饮，也是和平友善之饮。陆羽《茶经》中就曾倡导饮茶人培养“精行俭德”品格。当它远涉重洋，芳播亚欧，日本茶道大师千利休又以“和敬清寂”来概括饮茶要义，推崇一种和睦互敬、守志清心的饮茶境界。英国文学家迪斯拉利，更以“真理的发现”来盛赞茶之伟大。

治学之道与饮茶之道何其相通乃尔！

然而，当侵华日寇以烧杀淫掠取代“和敬清寂”，且将屠刀对准茶之故乡——中国时，这就不能不激起爱国华人的同仇敌忾，激起“求是”学人的仰天长啸，壮怀激烈。不是，浙大一迁浙西，二迁赣南，三迁桂北，最后以娄山为胎、借湄水为孕，塑造出一个战时的浙大：文学、工学院设在遵义，理学院、农学院置于湄潭，师院则按专业分属两地，全校一年级新生被悉数安排在湄潭县管辖的永兴镇，正如苏步青词中所言：“黉舍分三处，近蜀似倚刘。……男儿磊落，何须泪洒古播州。”浙大不屈的生命长铗，弹响的仍是莘莘学子的琅琅弦歌。

“记着我的粮食是一壶苦茶”，这是闻一多式的幽默。把这幽默掰开嚼碎，识得苦字含义的是战时的浙大师生。茶乡除茶叶外，湄潭没能供给远来的贵客以高楼华屋、玉盘珍馐。浙大教室多是长年被蛛网占据的旧祠破庙，宿舍多为常有老鼠来访的陋室蜗居。师生们吃的是缺油少肉的清茶淡饭，夜里照明全是黑烟缭绕的桐油青灯。即使这样的生活水平有时也难维持。苏步青教授一家八口，曾三个月食红薯蘸盐巴水过日子，还需在所住的破庙前自辟荒地种菜以聊补家用。王淦昌教授体质较弱，孩子又小，只好由夫人买来一只山羊喂养，以挤食羊奶来补充全家八口的营养。陈建功教授因无力偿还返家葬父所借校款，只好以珍藏的书籍卖给图书馆来抵债……然而就是在如此恶劣的物质条件下，浙大仍然教学不辍，实验不荒，科研不废。理化实验缺乏酒精、烧杯，就以木炭、茶杯替代；需要自来水，就以垫高的大水缸连接胶皮管来充当；没有电源，就以废旧汽车的发动机再带动一台小发电机来获得……这期间，苏步青的微分几何研究取得了突破性进展，人称“东方第一几何学家”，他所创立的几何学派，与当时美国、意大利学派形成鼎足之势。王淦昌1941年发表于美国的《关于探测中微子的建议》，开启了核物理研究的新思路，美国科学家据此实验获得了成功，成为当时轰动国际物理学界的重大成就之一。谈家桢教授不仅发表了多篇生物遗传学方面的论文，还在旧祠堂里带出了两个学有所成的研究生。此外，像贝时璋、束星北、陈建功、卢鹤绂、胡刚复、罗宗洛、钱宝琮、王季梁、江希明等教授，在各自领域内的研究都达到了很高水平。即便是校务缠身的竺可桢校长，也在1944年完成其传世之作《二十八宿起源之时代与地点》，对国际天文学界争论不休的问题，表示了自己的真知灼见——二十八宿起源于中国。据统计，四十年代在湄潭任教的三十余位浙大教授中，留学欧美及日本，获得过博士、硕士学位的就有二十三位，发表论文数以百计。每一篇文章、每一位作者背后，都有一个沉甸甸的故事。除理论研究外，农学院在兴建农林茶场、规划设计湄城新八景、推广优良蔬菜水果品种、防治病虫害、改良茶叶土壤和提高制茶工艺等方面，也取得了明显实绩。

1944年10月，英国著名科学家李约瑟博士来湄潭参观考察浙大和进行学术交流，他为偏僻小城有如此高水平的大学而惊叹不已，演讲中赞扬浙大是“东方剑桥”。次年，他又在英国

《自然周刊》发表文章，称浙大是“中国最好的四大学之一”“湄潭是浙大科学活动的中心。在那里不仅有世界第一流的气象学家和地理学家竺可桢教授，有世界第一流的数学家陈建功、苏步青教授，还有世界第一流的原子能物理学家卢鹤绂、王淦昌教授。他们是中国科学事业的希望。”

时髦喝下午茶的英国人，习惯地把学术交流称之为“茶壶和茶杯精神”。他们雅集于美庐精舍，在红茶加糖的浓香里，切磋着思想的蛋糕，享用着信息的甜点，浙大的知识精英们却在中国一座僻远的小城里坚守，借昏黄的桐油灯光，结构出智慧的彩虹，以渊默的湄江清茶，淬砺着科学的锋锐。难怪李约瑟博士要由衷赞叹这里是“东方剑桥”了，尽管城边流的不是名满天下的康河柔波，而是名不见经传的粼粼湄水。

确实，湄潭给浙大以无限慰藉的茶，是温厚、纯朴、热情的茶。茶是浙大师生的挚友、知音和伴侣。无论是炎天消暑，隆冬御寒，还是破闷解乏，醒脑提神，茶与人都相濡以沫，厮守着，共度时艰。浙大校友们至今还津津乐道于那些往事：当鸦背驮着夕阳，月辉泻满夏夜，三五好友常去江边露天茶馆要一壶新茶，边饮边谈。或评点时事，交流学习心得，或斟酌古今，品味中外，人茶相对，一样地风华正茂，意兴飞扬。当柳丝编织着春雨，落叶摇动着秋声，学子们也常把茶馆当作难得的自修室。诺贝尔物理学奖得主李政道博士，回忆自己在永兴镇的求学情况时说：“我的学习条件十分艰苦。物理实验是在破庙里做的，教室和宿舍分别在两个会馆里，往来奔波忙碌。白天我常去茶馆里看书、做习题，泡上一碗茶，目的是买一个座位，茶馆再闹也不管……”虽众声喧哗，却能把持住那份沉静。学会用自己的方式喝茶，喝自己的茶，这也是“求是”学子的共同追求。正因为如此，浙大才培植出了大批栋梁英才。

艰辛中也有乐趣，清苦里总藏着清欢。也许正是那一味清苦，熬浓了茶中诗味。

湄潭虽不比杭州繁华，却是黔北文教兴盛之邦。在明朝万历年间置县之初，它就开办书院，从这里走出了许多秀才、举人和进士。明末清初又有郑之珖、钱邦芑、范鈫、吴开元等明廷旧臣、遗老从外地来这里隐居，他们躬耕田园，设馆授徒，寄情山水，啸傲烟霞，留下了大量文坛佳话，也留下了冬诵夏弦的遗风。湄潭更是风景秀丽之地，清代巨儒郑珍说它“萧疏风景似江南”，张之洞幼年的启蒙老师张国华称它“眉溪清丽有如娥”。城郊有西来庵、观音洞、琴洲等著名人文景观，永兴镇也有三岔河、黄菊山等幽美自然风光。浙大师生常于闲暇去这些地方流连。或秀野踏青，茶山拾翠；或清流濯足，澡身洗心；或举行读书会、篝火晚会，纵论国家大事，高唱救亡抗战歌曲。校友们至今还铭记着江边那些日夜吟哦的大水车，那百鸟噪林的七星桥，那“坐览溪山胜，争看桃李春”的织女亭，那些令人馋涎欲滴的风味小吃……正如现任美国堪萨斯大学教授的郑家骏博士所回忆：“杭州之美在西湖，湄潭之美在湄江之滨。前者像一个风华绝代的少女，后者则是个绰约天真的村姑”“我有福气在这种地方住住，真是前世修来”。

浙大不仅在黔北顽强地生存下来，并把学校规模扩大了三倍，而且曾活跃着一个诗歌团体——湄江吟社。吟社由爱好诗词的教授、学者自发组成，初为苏步青、江问渔等七人，后增至九人，他们分别来自数学系、化学系、中文系、外文系以及农学院实验茶场。其结社宗旨为“公余小集，陶冶性情”“留一段文字因缘，藉为他日雪泥之证”。吟社从1943年2月至同年10月，共举行诗会八次，存诗词百余首。

本是江南游子客居他乡，诗中自然少不了流亡之恨和莼鲈之思。然他乡亦是山明水秀茶乡，所以湄江风物总是与西湖景物联袂而至笔下。诗会多在茶场举行。茶场先有知名绿茶“湄绿”和功夫红茶“湄红”，后来又引入西湖龙井茶工艺，研制出了湄潭龙井。这样一来，煮泉品茗，分韵赋诗，就成了经常性活动。先贤苏东坡在杭州时，曾为西湖题诗：“欲把西湖比西子”；后来又说：“从来佳茗似佳人”。因而循东坡指点，饮“湄绿”当如松下听绿珠吹笛，笛声幽婉，每一个音符都滴着翠色。饮“湄红”就似寒夜里有红袖添香，汤色红亮，茶烟暖人，正助书生挑灯苦读。而饮龙井，就直如他乡遇故知了，只觉得那一份淡而回甘的鲜爽，才下舌头，又上心头，才下心头，又上笔头，“顿教诗思清如水，更化愁怀和若春”（江问渔），袅袅茶香，郁郁乡情，和着悠悠诗韵一起在茶室里浮动。茶饮到这个时分，人已微醉，诗已微醉，眼中的西湖已变成浓抹的湄江，而湄江则变成淡妆的西湖了……

如今，一个花甲过去了。浙大当年的教授们，不少已从地上走进了墙上相片，再也没有下来。健在的校友们忘不了自己的第二故乡，忘不了当年依依惜别时所唱骊歌："留得他年寻旧梦，随百鸟，到湄江。"于是，一批批"寻梦者"来了又去，去了又来。湄潭的山山水水也同样牵挂着远方的亲人，文庙前的那条街道已改名为"求是路"，原来与浙大附中合并办学的湄潭中学已更名为"求是中学"。于是，一坡坡思亲茶青了又绿，绿了又青。

作为仰慕者，我也曾一次次凭着史料的栏杆远眺。远眺那一盏青灯，那一壶清茶，胸中有清景无限。鲁迅说："有好茶喝，会喝好茶，是一种'清福'。"面对"好茶"，我属于"会喝"一族么？我握住了这种"清福"么？清夜扪心，我追问着自己。

（原载2003年第9期《山花》）

北京师范学校琐忆

陈四益

1953年，我初中毕业。按说，应当继续升读高中，但我却被保送入读了北京师范学校。

那时，大概小学教员奇缺。一则因为小学入学人数剧增，二则因为小学教员辛苦，待遇、地位也都不高，故谚云："家有二斗粮，不当小孩王。"

为了保证师范学校有足够的生源，初中毕业时，我所在的北京二十六中（原汇文中学）校方很做了一番动员。我年纪小，十四尚不足，又是寄宿生。父母远在千里之外，没有电话联络，征求意见也来不及。再加父母都是教员，打小儿就对教师这个职业很有好感，因此，学校一动员，便毫不犹豫报了名。等到父母来信问及报考志愿，木已成舟，只得同意。

· 旧校园在西城祖家街端王府夹道

北京师范学校是一所历史悠久的学校，培养小学教师。校址那时在西城祖家街端王府夹道，后来扩大规模，才搬到城南的南横街。

端王府夹道的校园，像官宦人家的花园。是不是过去的端王府？未曾细考，但格局不大。隔壁是地质学院，或许，这边只是端王府的一部分吧。中庭有几株海棠树，那厢的房子便叫“海棠斋”。有长廊通向后门，中间有琴房，练习弹琴就在那里。从后门出去，是官园体育场——我们上体育课借用的地方。

进校后，在园中看到早年毕业学生赠送母校的一座石质日晷，大约是前人要后学“惜寸阴”的意思吧。捐赠者刻名有“舒庆春”，才知道这所学校就是北京最早的一所师范，也是老舍的母校。老舍，那时名满天下。他写的话剧《龙须沟》，由北京人艺演出时，轰动京华，路人皆知，名头儿比他的成名小说《骆驼祥子》还要响。

一所久老的学校，自有传统。男女学生都以师兄、师弟、师姐、师妹相称，甚是亲切。这才知道，任弼时的女儿任远志、周恩来的侄女周秉德、饶漱石的女儿饶兰心等，也都在这所学校读书。任、周是师姐，饶入学晚，是师妹。

· 老师知名者众

一所久老的学校，定有一批知名的老师。北师的老师知名者众。

教数学的毓瑺初先生，开始我们以为他姓毓，称他“毓先生”。他单身，学校搬到城南后，就住在学生宿舍顶头一个单间。到了1955年末或是1956年初，他在宿舍门上贴了一张名片：“爱新觉罗·毓瑺初”，这才令人大惊，知道他是皇族，但我们依旧叫他毓先生，他也不以为忤。他教几何，讲课要言不烦，重点突出，每节课只用二十分钟讲新课，剩下时间布置作业，大多当堂就能做完，大大减轻了课余的负担。因为与学生住在一起，同学又都喜欢他，休息时，往往喜欢去他那儿“串门儿”。有一回我在他书架上发现一部线装书，抽出一本一翻，只见都是“上尺工凡”这些字，字旁还有许多稀奇古怪的符号，便举书问道：“毓先生，这是什么书？”不料毓先生慌忙站起，快步走来，一把从我手中拿过，然后护着书神秘地说：“别动别动，这是天书，天书！”弄得我丈二和尚摸不着头脑，生怕自己闯了祸，惹老师生气。后来，我才知道那是《琴谱》，用上尺工凡四五乙等字和一些符号，记录琴曲的旋律与节奏。这才听人说，毓先生是古琴演奏名家。班上有位年岁较大的同学，迷上了古琴，得毓先生传授，毕业时竟弹得像模像样，俨然里手。我人小，玩心重，从不曾作此想，后来抱憾，已经来不及了。前几年看到一则消息，北京古琴名家将举办古琴演奏会，其中就有毓先生的名字，可见宝刀不老。但我也不知他家居何处了。

另一位是音乐老师曹式甘。他不但教音乐、教弹琴，还组织课余兴趣小组自制木琴、提琴等乐器。那缘起也颇富传奇：话说曹式甘先生当年是骑自行车上下班。那时晚间骑行是要点灯的。侯宝林说的相声《夜行记》就借此题目大加发挥，笑料百出。自行车灯比较阔气的是摩电灯，靠车轮与摩电器摩擦生电。曹先生节俭，只用一盏方形油灯，插在车前或挂在车把。那时正值隆冬，油灯要点火，他便到传达室捡一块劈柴借火炉点火。不料没拿稳，劈柴落地，发出一声响。曹先生一听："标准音，啦——"于是忘了回家，从传达室抱了一堆劈柴，重回音乐教研室。那一晚，他又锯又刨又打磨，竟做成了一架木琴。敲击起来，音韵铿锵。于是学生的课余兴趣小组便多了一项木琴制作——其痴迷音乐也如此。孔子说："吾少也贱，故多能鄙事。"木琴制作，工匠之事，也算是"鄙事"吧。但为人师者，能够"多能鄙事"，实在是学生的幸事。

"北师"美术、音乐是一个教研室。名家颇多，国画家李智超、西画家孙之俊都在画界有名。孙之俊先生那时用名孙信，画过《武训画传》《骆驼祥子画传》《我是劳动人民的儿子》等许多连环画。在当年，他与叶浅予先生齐名。叶浅予先生的连续漫画《王先生外传》，起初在上海报上刊登，但有一段时间他到北京（上个世纪三十年代吧），"王先生"也出现在北京报上。

及至叶先生南归，在北京报纸连载的“王先生”，便多是孙先生的手笔了。这样，便有了南北两个“王先生”，因此也有了“北有孙之俊，南有叶浅予”之说。叶、孙二位还分别是南方和北方漫画会的发起人（孙先生的故事，我有另文记述）。

李智超先生则是国画名家。教研室里有一面穿衣镜，时间久远，穿衣镜上黄迹斑驳，已不能“正衣冠”了。因为曹先生痴迷于音乐，李智超先生便在镜面题字满镜。时间长了，全文记不清，只记得前面是说这面镜子的形状，后面笔锋一转，调侃起曹先生之痴迷音乐，说如果不是上古无玻璃水银，“余决疑为无弦琴也”，表现了老师们之间互动的谐趣。

曹式甘先生好像一直是单身，全副精力都放在了音乐教学上。我从上个世纪五十年代中期离开北京，二十多年后回到北京，曾想再拜望一下当年的老师。第一位便去拜望曹式甘先生。他似乎仍是单身，家住西城。在小胡同里绕来绕去，终于找到时，不曾想到这位北京市的特级教师，竟然仍住在一所小杂院儿里的一间矮小的西房。下午，房间灰暗，年迈的曹先生独自蜷缩在一张小床上，看不清来者为谁，我也不知道一直单身的他，及今年迈，谁在照料日常起居。那回探望曹老师，心情黯然。像曹式甘先生那样在教育工作中不辞劳苦、卓有贡献的老师，没料到晚景依然这样凄凉。我明白，我去探望他时，“文革”结束未久，天安门城楼上刚刚开过教师座谈会。十年，不，更长时间欠下教育的债，一时难以消除，但曹老师已是桑榆晚景，他还能等到那一天吗？

还有一位物理老师名叫韩大钧，好像是浙江交大的毕业生。高个儿，长腿，骑一辆似乎自己用钢管儿焊成的自行车，没有刹车，车链儿上也没有链罩儿。他腿长，校园里遇到学生打招呼，只把车身一偏，一只脚撑地，便同学生解答问题、聊起天儿来。他讲课很风趣，枯燥的物理，被他讲得风生水起，非常有趣。还记得他讲欧姆定律，举电影散场为例，把通道比作导线，散场客流为电流。通道愈窄（导线愈细），客流通过速度愈慢，阻力愈大。一个枯涩的、需要死记的物理定律，一下变得浅近明朗。

· “北师”改成“师专”，其他也都随之而变

北师名师很多，教数学的黄文选、教教育学的吴光煜、教地理的景春泉、教体育的高磊等先生，都是一时之选，无法一一列数，总之，一所名校，不但要有其悠久的传统，还要有支撑着一所名校的优秀老师群体。对辛苦聚集的老师群体如果不加爱惜，那么，老师群体的散失，将是一所名校无法挽回的损失。

“北师”后来改成了“师专”，似乎是“升格”了，但无论培养目标、教育方式、教学内容，还是师资，也都随之改变。原先逐渐凝聚起来的教师团队，也都随之风流云散。于是，一

所历史悠久的“北京师范学校”就这样在北京消失了。福兮祸兮？成焉败焉？得焉失焉？谁能说得清？

“北师”消失了，随着教育事业的发展、小学师资的需求，又新建了多所区级师范学校。然而，“北师”冰消雪化，好不容易积攒起来的可观的师资，好不容易长期培育形成的校风和传统，积之如为山，散之如崩沙，即便各区新建了更多的师范，但数量毕竟不等于质量。后来北京虽有了更多的师范学校，但再无一所能同当年的“北师”比肩了。惜哉！

（原载2019年3月24日《北京青年报》）

编辑凡例

一、以忠实于选文原作、整旧如旧为编辑原则，对选文写作时使用的专有名词、外文译名，以及作者写作时的语言和特色予以保留。

二、原文注释如旧，编者所作注释，均以“编者注”标明，以示与原文注释的区别。

三、原文偶有文字错讹脱衍之处，一律按现行出版规范予以改正，不再以其他符号标示。

四、文章中数字、标点符号用法，在不损害原文语义的情况下，做必要的规范。

图书在版编目（CIP）数据

学堂往事 / 陈平原，林分份编. —长沙：湖南人民出版社，2023.6
ISBN 978-7-5561-3253-9

Ⅰ. ①学… Ⅱ. ①陈… ②林… Ⅲ. ①散文集—中国—现代②散文集—中国—当代 Ⅳ. ①I266

中国国家版本馆CIP数据核字（2023）第092367号

学堂往事
XUETANG WANGSHI

领读文化传媒
LINGDU Culture & Media

编　　者：陈平原　林分份
出版统筹：陈　实
监　　制：傅钦伟
选题策划：北京领读文化
产品经理：领　读-孙宏旭
责任编辑：陈　实　张玉洁
责任校对：谢　喆
装帧设计：广　岛 · UNLOOK unlook-guangdao.com

出版发行：湖南人民出版社有限责任公司［http://www.hnppp.com］
地　　址：长沙市营盘东路3号　邮编：410005　电话：0731-82683313

印　　刷：湖南天闻新华印务有限公司
版　　次：2023年6月第1版　印　　次：2023年6月第1次印刷
开　　本：880 mm × 1230 mm　1/32　印　　张：9.25
字　　数：176千字
书　　号：ISBN 978-7-5561-3253-9
定　　价：48.00元

营销电话：0731-82683348（如发现印装质量问题请与出版社调换）

